Paul M. Zulehner

CHRISTENMUT

Gütersloher Verlagshaus

Inhalt

Einbegleitung

Die Welt wird weltanschaulich immer bunter. Neben den großen Weltreligionen (Juden, Muslime, Christen, Buddhisten, Hinduisten, Taoisten) finden wir spirituell unbehauste Pilger, aber auch friedliche wie aggressive Neoatheisten und Wissenschaftsgläubige. Alle haben sie ein großes Anliegen: die Entfaltung der Welt und darin des Menschen. Sie streben auf dem Boden ihres »Glaubens« nach Frieden, Gerechtigkeit und Bewahrung des Oikos, den die Glaubenden Schöpfung nennen. Gott ist ein Gott aller dieser Menschen: Er ist auch ein Gott der Atheisten, von denen nicht wenige wissen, dass sie einen Gott leugnen, den es Gott sei Dank gar nicht gibt. Aber selbst die Atheisten, die heute auf Autobussen den Glaubenden zurufen, dass es möglicherweise gar keinen Gott gebe und sie daher doch endlich anfangen sollten, das Leben zu genießen (als ob das Leben in den Gaskammern des gottlosen Nationalsozialismus und im stalinistischen GULAG so bekömmlich gewesen war und das Leben im barocken katholischen Wien so lebensfeindlich!), kommen nicht herum, in ihrem Logo »Atheisten« an Gott zu erinnern. Allein dass es dieses unauslotbare Wort Gott gibt, irritiert.
Und dann verstehen sich die christlichen Kirchen als Gottes Kollaborateure auf Erden. Möge im Kraftfeld Gottes doch der Mensch aufkommen, statt verstrickt in seiner dunklen Geschichte des Mordes und der Lüge umzukommen! Dein Reich komme, beten die Christen einmütig und versuchen, ihm wenigstens spurenhaft auf dem Boden ihrer Gemeinschaften Raum zu geben und so die Welt zu vermenschlichen: mit welch halbherzigem Erfolg, Gott sei's geklagt!
Aber die Kirchen verstehen sich längst nicht mehr exklusiv: als wäre den Getauften allein Heil gewährt. Als würden nur sie gerettet werden und in der dritten Geburt des Todes allein sie hineingeboren werden in die vollendete Schöpfung, von der

der auferstandene Menschensohn Jesus Christus der Erstgeborene ist. Wenn Gott ein Gott aller Menschen ist, dann ist auch die Kirche eine Kirche aller – auch der Atheisten.

Das mag nach Vereinnahmung klingen, ist es aber nicht. Der Vorwurf, den der eine große Theologe des letzten Jahrhunderts Hans Urs von Balthasar dem anderen großen Theologen Karl Rahner machte, dass nämlich das Bild von den anonymen Christen ein unverschämter Übergriff in die Freiheit der Anderen sei, ist vom Tisch. Hans Urs von Balthasar hat ja nicht die Sache kritisiert, sondern das Bildwort. Er hat sich anders und wie ich finde besser ausgedrückt: Alle Menschen reifen in das Heil hinein, kraft des Wirkens des Heiligen Geistes, der weht, wo er will – natürlich auch in den Kirchen, aber nicht nur da – oder manchmal da ziemlich leise. Erkennbar ist dieses Geistwirken und die Wandlung, die der Geist herabgerufen immer bewirkt, daran, dass jemand eine wahrhaft Liebende wird, ein wahrhaft Liebender. Hier ereignet sich das Ausreifen eines Menschen in die vollendete Gestalt hinein. Das kann ja auch nicht anders sein: Wenn Gott in sich ein Tanz der Liebe ist (dreifaltig sagen wir theologisch spröde dazu), dann ist alles, was er gebiert (so Meister Eckhart) Liebe. Und die einzige Aufgabe des Menschen in einem langen oder kurzen Leben besteht darin, dass er wird, was er ist: Liebe, Hingabe, Solidarität: und das nicht nur zu jenen, die einen auch lieben, sondern gerade zu den Fremden und den Armen der einen Welt. Dass diese Liebe, die dem Menschen im Lauf seines Lebens aus dem göttlichen Ursprung einfließt, universell ist, hat nicht zuletzt damit zu tun, dass wir Christen, monotheistisch, eben glauben: Wenn nur ein Gott ist, dann ist jede und jeder einer von uns. Der Glaube an den einen Gott schafft daher nicht intolerante Gewalt (so der Ägyptologe Assmann und mit ihm viele andere trotz inzwischen ausreichender Widerlegung), sondern universelle Liebe.

Das ist daher das erste edle Projekt der christlichen Kirchen: so mit allen Menschen solidarisch zu sein, dass sie in der Liebe wachsen können. Wie kann das alle beflügeln, die mit hoher Fachkundigkeit im Namen der Kirche in Krankenhäusern, Altenheimen, Kindergärten, Schulen tätig sind? Vermeintlich machen sie etwas Profanes, wenn sie Menschen bilden, tragen und stützen. Aber in der Sache wirken sie am Heil dieser Menschen mit – in atheistischem Modus, wenn es erlaubt ist, so zu sprechen.

Freilich: Den christlichen Kirchen ist zudem anvertraut, so Balthasar, das Verhüllte zu enthüllen: also offenbar zu machen, was ihr als Kirche Gottes geoffenbart ist. Hier ist das zweite edle Projekt der christlichen Kirchen. Das Enthüllen geschieht heute längst nicht mehr gewaltförmig, wie das auch aus Heilsangst jahrhundertelang passiert ist – und das mit dem tragischen »Erfolg«, dass dort, wo Menschen gewaltsam zu Christen wurden, das Christentum heute am schnellsten verdunstet – also vor allem in den Gebieten der nicht sehr zimperlichen Gegenreformation. Aber auch die protestantischen Herrscher waren nicht feinfühliger, wenn es darum ging, die eigene Herrschaft dadurch zu sichern, dass das Volk zum eigenen Glauben gebracht wurde: notfalls durch konkrete Ausweisung ins Jenseits und etwas später, als die Toleranz langsam um sich griff, durch Ausweisung.

Heute herrscht verbriefte Religionsfreiheit, zumindest in jenen Weltregionen, in denen die Christen das gesellschaftliche Leben nachhaltig mitgestalten und diese sich an die Weisungen des Zweiten Vatikanischen Konzils halten. Gewalt und Gott vertragen sich nicht, so die zentrale Botschaft der Rede von Benedikt XVI. in Regensburg. Daher kann Mission heute nur geschehen durch glaubhaftes Vorleben, in christlichen Gemeinschaften und Gemeinden. Sie ist verwiesen darauf, dass uns die Menschen Fragen stellen, bei deren Beantwortung wir als Glaubende Rechenschaft geben von der Hoffnung, die in uns ist. Vielleicht ist es uns auch erlaubt, andere Fragen zu stellen: eine pastorale Praxis, der sich Gott im Paradies schon bedient hat: »Adam, wo bist Du?«, »Kain, wo ist dein Bruder Abel?«

Die in diesem Buch vorgelegten Texte atmen den Geist der Weite des christlichen Glaubens. Sie sind auch nicht primär an die unerschütterlich Glaubenden gerichtet, sondern eher an die skeptischen Zeitgenossen – und da nicht nur die Frommen. Das Gespräch wird mit allen gesucht. Ob es angeknüpft werden wird?

Der Titel lautet »Christenmut«. Das ist in erster Linie gesellschaftlich gemeint. Im Zuge der Privatisierung des Glaubens haben wir Christen eine seltsame »Bekenntnisscheu« (Renate Köcher) entwickelt. Selbst ehrenamtlich Mitwirkende in der Kirche fühlen eine Art Scheu, von ihrem Dienst öffentlich zu erzählen. Am liebsten ist es ihnen, wenn nicht wahrgenommen wird, dass sie Christen sind und gar in der Kirche mitwirken. Damit steht auch im Zusammenhang, dass »Mission« bis in die Kernschichten der Kirche hinein einen negativen Klang besitzt. Der Vorwurf ist in innerkirchlichen Debatten schnell bei der Hand, man betreibe lediglich eine Art »Selbstrekrutierung« der Kirche. Dahinter steht der Vorwurf, dass es bei pastoralen Bemühungen eher darum geht, (zahlende) Mitglieder zu gewinnen, statt bestrebt zu sein, dass das Evangelium in der Kultur und in den Lebensgeschichten der nächsten Generation eingepflanzt wird – und das einzig mit den Ziel, dass dabei die Menschen werden, was sie sind: Liebende. Wenn dann jemand auf diesem Weg seines persönlichen Heils den Ruf Gottes vernimmt, Gott beanspruche (das meint wirklich an-sprechen, be-rufen) sie oder ihn, sich seinem Volk »hinzufügen« zu lassen, damit dieses leben und wirken kann: Dann ist das ein höchst freier Vorgang, den eine Kirche begleiten, aber nie ernötigen kann, selbst wenn sie wollte.

»Christenmut« kann aber noch eine andere Färbung bekommen. Dann dreht es sich um die Courage, innerhalb der eigenen Kirche sich zu Wort zu melden. Das wird in nicht seltenen Fällen ein Wort der Kritik sein. Stets war ich der Meinung, dass solche Kritik einer der ernsthaftesten Dienste an der eigenen Kirche wie an Schwesterkirchen ist. Vor allem dann ist dies der Fall, wenn die Kritik aus einer Grundloyalität heraus erwächst. Die Themen der Kritik ergeben sich zumeist von zwei Seiten: Entweder ist die Kirche zu wenig jesuanisch oder zu wenig zeitnah. Das eine Mal wird Kirchenreform verlangt von innen, vom unveräußerbaren Auftrag Jesu an seine Kirche; das andere Mal wirbt Gott um Erneuerung über die »Zeichen der Zeit«, in die er uns hineingestellt hat. Schon der Prophet Jeremia geißelt im 29. Kapitel jene falschen Propheten, die dem Volk nostalgisch die Heimkehr in die Lieblichkeit und Einfachheit des Lebens in Jerusalem wünschten. Anders der wahre Prophet im Namen Gottes: Sie sollten sich um das Wohl jener Stadt kümmern, in die er sie hinweggeführt hat. Ist eine christliche Kirche nicht immer eine Hinweggeführte, eine Hineingestellte – also eine Gemeinschaft, die sich nicht aussucht, für wen Gott sie beansprucht? Es war und ist meine feste Überzeugung nach langem Wirken als Pastoraltheologe, dass eine solche Überprüfung der Kirchen- und Christenpraxis auf Jesusgemäßheit und Zeitgerechtigkeit zum Urgeschäft dieser theologischen Disziplin gehört. Damit ist sie auch von Haus aus loyaler Kritik oder kritischer Loyalität verpflichtet. Schweigt dieses Fach angepasst, verrät es seinen unverzichtbaren Dienst. Natürlich sind Kritiker nicht beliebt. Sie stören den harmoniegesteuerten Betrieb. Sie beunruhigen, zwingen zum Nachdenken, fordern zur Kurskorrektur auf. Sehr erfolgreich ist das gerade heute nicht. Umso mehr braucht es heute solchen Christenmut. Und ich hoffe, dieser ist in dem vorliegenden Buch immer wieder zu spüren.

Wien, im Februar 2010 *Paul M. Zulehner*

Sehnsucht

Ein spiritueller Essay

Keine Angst: Es folgt kein wissenschaftlicher Grundlagenbeitrag. Auch kein Ratgeber, weder für Süchtige noch für solche, die sie therapieren. Sie lesen vielmehr spielerisch entworfene Mutmaßungen, eine Art spiritueller Essay. Er erhebt keinerlei Anspruch auf allgemeine Gültigkeit. Vielleicht treffen die vorgetragenen Gedanken nur für mich selbst zu und offenbaren mehr über mich, als sie für andere hilfreich sind. Doch könnte es durchaus sein (ein wenig erhoffe ich es sogar), dass dieser Beitrag auch bei anderen etwas zum Schwingen bringt.

Ursehnen

Der französische Psychotherapeut Jacques Lacan hat es mir mit seiner Definition des Menschen schon vor Jahren angetan. Zwei Wörter der gerade bei diesem Thema so wohltuenden französischen Sprache bemüht er, um das unauslotbare Geheimnis des Menschen einzufangen: désir und manque.

Désir meint Sehnen, Auslangen, Aussein. Das deutsche Wort Sehnsucht klingt dagegen viel dunkler. Das Wort désir ist musisch, tänzerisch und bedächtig in einem, macht den Menschen zu einer Melodie der »leise flehenden Lieder« (Franz Schubert), klingt wieder in »Schöne Nacht, du Liebesnacht« (Jacques Offenbach) und tönt selbst aus dem leidvollen »Nur wer die Sehnsucht kennt, weiß, was ich leide« (noch einmal Franz Schubert in der Vertonung des Liedes der Mignon von Johann Wolfgang von Goethe). Vielleicht sind Poesie und Musik (neben der Religion) die besten Kundschafter dieses désir und können es auch in Annäherung zum Ausdruck bringen. Ein Grundmerkmal des désir ist, dass es nicht in die Raumzeit passt. Es ist ohne Maß. Ihm eignet Ewigkeit und Unendlichkeit. Ständig ufert es aus.

Für Lacan hat das zur Folge, dass das helle désir durch ein zu erleidendes manque stets verschattet ist: die Entbehrung, das Unerfülltbleiben. Wer kennt nicht solche Erfahrungen: Die Lebensrechnungen bleiben letztlich offen. Jede und jeder ist auf mehr aus, als stattfindet. Wir leben mit einem ständigen utopischen Überschuss an Träumen und Wünschen. Der Theologe Karl Rahner benennt solche Erfahrungen und deutet sie kühn als »Erfahrungen der Gnade«.[1]

Die christlichen Theologen haben für diese doppelgesichtige Erfahrung des désir und seines es ständig begleitenden manque eine alte biblische Deutung zur Hand. Maßlos ist das Sehnen des menschlichen Herzens, weil es von seiner Grundorientierung an seinem Ursprung kündet. Seine Herkunft aus einem Lebensquell wird erinnert, der in der Menschheitsgeschichte mit dem Namen Gottes belegt worden ist. Ein jüdischer Theologe, nicht so sprachschüchtern wie unsere postaufgeklärte Theologie, redet unbekümmert von einer Sehnsucht des maßlosen Gottes nach dem Menschen, die sich in der maßlosen Sehnsucht des Menschen nach Gott widerspiegelt. Dass also das désir in unserer Lebenserfahrung immer unerfüllt bleibt und unter dem manque leidet (es ist letztlich ein Leiden an der Endlichkeit angesichts der verkosteten Unendlichkeit des désir): Könnte dies gar eine charmante Art Gottes sein, sich bei uns Gottvergessenen in Erinnerung zu halten?

Es gibt freilich auch Versuche, diese Ratlosigkeiten »atheistisch« aufzulösen. Mit Erfolg? Henri Lefebvre, französischer marxistischer Soziologe, Intellektueller und Philosoph, verwies in seiner Kritik des Alltagslebens (1955) auf jene Momente, die (vereinzelt und selten) ins Leben eingestreut »vorkommen«, also in diesem gleichsam auftauchen, ohne herbeigezwungen werden zu können. Diese Momente ließen sich auch Feste nennen. Er zählt dazu gute Arbeit, die Liebe, das Erkennen, das

Spiel. Typisch für sie sei, dass sie aus der Raumzeit herausragen. Sie sind eine Erfahrung von Tiefe und Intensität, von Leben pur. Den Menschen, dem sie zufallen, ergreifen sie so sehr, dass er Hütten bauen will auf dem Berg der Verklärung. »Werd ich zum Augenblicke sagen, verweile doch, du bist so schön« (so Johann Wolfgang von Goethe im Faust), dann ist mir ein solches Lebensfest widerfahren. Aber, so sagen Lefebvre wie Lacan: Die Momente »scheitern«. Der Mensch muss vom Berg der Verklärung herab in die Niederung seines Alltagslebens. Aber die in diesen versöhnten Alltag eingestreuten Momente erhalten ihn lebendig: Indem er sich an diese Feste zurückerinnert, sehnt er sich nach neuen Festen.

Von Lefebvre können die Gottesanhänger lernen. Denn der Atheist hat nichts in der Hand als dieses Leben. Er ist nicht in Gefahr, die Welt als Ort der Enttäuschung einer Gottessehnsucht zu verachten und womöglich die eingestreuten Erfahrungen in Liebe, Arbeit, Erkennen und Spiel »abzutöten«, damit diese Gottessehnsucht nur ja ihr Ziel nicht verfehlt. Aber könnte nicht auch derjenige, der Gott nicht gläubig herglaubt, sondern »religiös unmusikalisch« wegglaubt, vom Gottesanhänger lernen, dass selbst die Erfahrungen der Liebe, der Arbeit, des Erkennens und des Spiels nur Ahnungen sind von einem Leben, das aussteht, also Spuren eines in dieses Leben schon hereinragenden Himmels?

Vertröstung aufs Diesseits

Lefebvre scheint aber dem Lebensdesign der Mehrheit der Zeitgenossinnen und Zeitgenossen mehr zu entsprechen als die Poesie des Königs David, der auf einer Wallfahrt in den Tempel dichtete: »Gott, du mein Gott, dich suche ich, meine

Seele dürstet nach dir!« (Psalm 63). Nicht mehr die Vertröstung auf das Jenseits macht unserer Kultur zu schaffen, vielmehr ist es eine Vertröstung auf das Diesseits, die kulturell dominant ist.

Marianne Gronemeyer hat in ihrer Analyse modernen Lebens einen passenden Ausdruck hierfür gefunden: »Leben als letzte Gelegenheit«.[2] In den überschaubaren 90 Jahren – und nur diese werden dem Lebensentwurf zugrunde gelegt – suchen immer mehr Menschen optimal leidfreies Glück, und das in Liebe, Arbeit und Amüsement. »Optimal leidfreies Glück« ist letztlich eine säkulare Chiffre für die Sehnsucht nach dem verlorenen Paradies. Diese ist nicht gänzlich erloschen, eher schon verschüttet: In den lauten Frequenzen des Alltags ist die leise Musik Gottes nicht zu hören. Aber weil das Paradies, der Himmel, modernen Zeitgenossen verschlossen zu sein scheint (ist das auch wirklich der Fall?), leiten sie die Himmelssehnsucht auf die Erde um.

Das zwingt zu einer Lebensart, die geprägt ist von Lebenshast, Anforderung und Überforderung. Die Angst, zu kurz zu kommen, dominiert, und diese Angst entsolidarisiert uns, weil die/der Andere – der Lebenspartner, der Fremde, andere Völker – zur Rivalin/zum Rivalen meines erhofften Glücks wird.

Diese Lebensart ist auch nicht frei von Gewalt, sondern trägt ein enormes gewaltträchtiges Potenzial in sich: Gewalt gegenüber sich selbst (etwa im Sinn maßloser Ausbeutung bis zum Burnout), subtile oder offene Gewalt anderen und auch der Umwelt gegenüber. Die erbsündliche Formel lautet: Wer das Glück erzwingen muss, erliegt leicht der Gewalt.

Könnte in diesem »Leben als letzte Gelegenheit« nicht eine der heute intensiv sprudelnden Hauptquellen der Sucht liegen? Nicht irgendeine Sehnsucht kippt, sondern die Ursehnsucht des Menschen. Ihre Maßlosigkeit wird an Mäßigem festgemacht. Die solchem Lebensdesign eingeschriebene Unstillbarkeit treibt immer mehr an. Kommt die Täuschung hinzu, dass durch die immer raschere Wiederholung doch der Durchbruch von der erlittenen maßvollen Tröstung der (Ur-)Sehnsucht zur völligen Befriedung durch maßlose Erfüllung gelingt? Könnte also Sucht der vorhersehbar zum Scheitern verurteilte Versuch sein, auf Erden den Himmel zu erzwingen, inmitten der Raumzeit Ewigkeit und Unendlichkeit zu erleben? Aber wie kann Trinken, Kaufen, Essen und Internetsurfen mehr als die Ahnung kleiner Tröstungen bringen, die deshalb auch immer rascher abfolgen müssen, weil die Zwischenzeiten unerträglich werden? Die Suche nach der Erfüllung kann leicht in das Davonlaufen vor dem Leben kippen. Eskapismus ist das Fachwort für: »Das Weite suchen«. Die Flucht in das chemisch erzeugte Paradies der Droge ist der vielleicht tragischste, weil folgenschwerste Versuch eines solchen escape.

Die Weite suchen

Nicht alle suchen »das Weite«, einige vielmehr »die Weite«. Sie finden sich nicht ab mit der Flucht vor dem alltäglichen Leben und den letztlich enttäuschenden Versuchen, den Himmel auf Erden zu erzwingen. Sie laufen nicht weg vor ihrem zunehmend banalen und unerfüllten Leben mit seiner unstillbar-ungestillten Sehnsucht. Sie sind nicht bereit, nach und nach auch ihre Sehnsucht zu ertränken und sich vor dem Tod im Nichtleben einzurichten.

Sie halten es mit Marie von Ebner-Eschenbach: »Nenne dich nicht arm, weil deine Träume nicht in Erfüllung gegangen sind; wirklich arm ist nur, der nie geträumt hat.« Die zeitgenössische spirituelle Suche in säkularen Kulturen verdankt sich diesem

Aufstand gegen die Flachheit, Banalität und Enge des modernen Lebens. Es ist gleichsam ein Aufstand zugunsten des désir. Der Widerstand gilt dem Kleinmachen des Menschen, seiner Reduzierung auf die begrenzten alltäglichen kleinen Glücksmomente. Das Gefängnis der Endlichkeit wird gesprengt. Dies geschieht auf vielfältige Weise. Manche gehen den bewährten Weg des christlichen Glaubens, der wieder in Mode kommt: Das Antiquierte erweist sich als avantgardistisch. Andere versuchen, weil sie den Altkirchen (noch?) nicht trauen, asiatische Pfade und setzen auf Reinkarnation. Auf jeden Fall ist es der Versuch, den Menschen aus der Vertröstung auf das Diesseits zu befreien, davon buchstäblich zu erlösen und damit sein angeschlagenes und ermattetes Inneres zu heilen.
Es sieht nicht danach aus, als würden diese modernen spirituellen Pilgerinnen und Pilger (Daniele Hervieu-Leger), die spirituellen Wanderer (Christoph Bochinger), neuerlich auf eine Vertröstung aufs Jenseits setzen. Die Kunst heißt jetzt Balance: Achtsamkeit für die irdischen Spuren des Glücks und Offensein für das ausstehende himmlische Glück. Dieser Balanceakt kann nur gelingen, wenn wir lernen, uns mit der Endlichkeit des Glücks in der Raumzeit, also auf dieser Erde, auszusöhnen – und dies unabhängig von der natürlich belangvollen Frage, ob mir die Gnade geschenkt ist, über den Tod hinaus zu hoffen. Ein kluger Jesuit, Roman Bleistein, hat diese Fähigkeit, das Endliche zu schätzen und das Fragment als Fragment zu verkosten, die »Tugend des Erbarmens« genannt.[3] Er hat das in einem offenen Brief jungen Menschen am Beispiel der Liebe so nahegelegt:

»Wer liebt, sucht im letzten einen Gott, d. h. einen, der ihn so erfüllt, dass weder Maß noch Grenze vorhanden sind: also Ewigkeit, Unendlichkeit. Der eine Mensch verheißt dem anderen eine solche Erfüllung. Welcher Mensch kann dafür einstehen? Die erste Tugend der Liebe heißt: das Erbarmen. In ihm vergebe ich dem anderen, dass er mein Gott nicht sein kann.«

Suchtheilung

Vor diesem Hintergrund kann die Hoffnung artikuliert werden, wie Menschen vor dem Kippen der Sehnsucht in Sucht gefeit und, was freilich schwerer ist, wie sie aus einer Sucht wieder in die Kraft der Sehnsucht zurückgeheilt werden können. Beide Male scheint mir eine gediegene, erdige, leibhaftige Spiritualität, die in Berührung ist mit dem Menschen in seinen tiefen und maßlosen désirs, eine nachhaltige Rolle zu spielen.
Vorbeugend gegen Sucht könnte eine spirituelle Pflege der unverkümmerten Sehnsucht sein, einer Sehnsucht, die in ihrer Maßlosigkeit, ja im Terror ihrer Maßlosigkeit erfühlt und zugelassen wird. Es zählt dann aber auch die Kunst dazu, Liebe, Arbeit und Amüsement nicht vom désir, sondern von Maßlosigkeit freizuhalten. Das hieße etwa in der Liebe, die moments und den Alltag der Liebe als Spuren eines Glücks zu erleben, das in seiner letzten Tiefe und Weite noch aussteht, weil es letztlich nicht von dieser Welt ist.
Von hier aus verdient der andere auch ein Recht auf das begrenzte Maß, auf das Fragmentarische – im Positiven wie im Negativen – oder wie die Weisheit der alten kirchlichen Trau-

formel es sagt: »in guten wie in bösen Tagen«. Enthalten ist in einer solchen Kunst des Liebens das dem anderen, der anderen gewährte Recht auf Fehler, auf das wachstumsbestrebte Mittelmaß, das Recht auf Vergebung, kurzum, das Recht auf Menschlichkeit. All das wäre die Operationalisierung der von Bleistein empfohlenen Tugend des Erbarmens.

Umgekehrt: Ist einmal das désir in die Sucht gekippt – wäre es denkbar, auf dem Weg der Heilung die Vergeblichkeit zu erkennen, dass der Himmel nie auf Erden zu finden ist und dass alles in dieser Lebenszeit unter dem Diktat des Leidens an der Endlichkeit steht. Das hieße aber auch, im »Varieté dieser Welt unsere Herzen dort zu binden, wo die wahren Freuden sind«, so ein Gebet aus der Liturgie der katholischen Kirche. (Die lateinische Version ist noch weitaus kraftvoller: »ut in varietate huius mundi ibi fixa sint corda, ubi vera sunt gaudia.«)

Es ist nicht die Aufgabe meines Essays, nähere Anleitung zu versuchen, wie man/frau zu einer solchen Spiritualität kommt. Sie lässt sich nicht einfach aneignen, sondern braucht Meisterinnen und Meister, zudem Menschen, die bereit sind, Schülerinnen und Schüler bei solchen Meistern zu sein. Auch die Etappen solcher spirituellen Wege werden in allen großen Religionen gezeigt, bei den Sufis im Islam (Rumi) wie in der christlichen Mystik, etwa bei Meister Eckhart oder Teresa von Avila. Immer beginnt der Weg mit einem Gang in die Stille, um die leise Musik des désir zu vernehmen. (Ist darin die Musik Gottes zu hören?) Es braucht innere lessness, Bedürfnisleere, die mit dem Ahnen von Größe und Würde, seinem letzten Geheimnis, gefüllt werden kann. Auf diesem Weg mag sich ereignen, dass jemand wird, was er, was sie im Grunde immer schon ist: eine wahrhaft Liebende, ein wahrhaft Liebender. Das würde einen Menschen von innen her erneuern und zu einer neuen Lebensart befähigen.

Eine solche spirituelle Dimension ersetzt nicht die Weisheit moderner Suchttherapie. Aber umgekehrt: Wie sollte eine solche auf die spirituellen Ressourcen verzichten? Wäre das nicht im Sinn der Solidarität mit den Betroffenen fahrlässig?

Ein Obdach

der Seele

Wenn die Zeitgenossen der Theologie die Fragen stellen

Die Kirchen geben oft Antworten auf Fragen, die nicht gestellt werden. Zu Fragen, welche die Menschen umtreiben, sagen sie jedoch nichts.
Diese enttäuscht-aggressive Behauptung klingt zwar abgenützt. Aber ganz umsonst wurde sie nicht formuliert. Gewichtige theologische Gründe scheinen sie zudem zu stützen. Ist nicht der Kirche von Gott jene Wahrheit anvertraut, die sie den Menschen weiterzusagen hat, gelegen oder ungelegen und nicht nur gelegentlich? Eben diese »Wahrheit« wurde im Verlauf der zweitausend Jahre unentwegt vor Umdeutungen geschützt, ausformuliert, in Sätze gekleidet, systematisiert, auf den neuesten Stand gebracht. Für den weltweiten Gebrauch. Jüngst geschehen. Dieser gedruckte Glaube soll an möglichst viele unverkürzt und vollständig weitergegeben werden. Die Menschen sollen ihn lernen. Am besten auswendig.
Wirklich nur auswendig?

Ein deutsches Meinungsforschungsinstitut hat vor einigen Jahren schon die landeseigene Bischofskonferenz in diesem Unterfangen bestärkt. Den Bischöfen wurde berichtet, dass statistisch ein unbestreitbarer enger Zusammenhang zwischen Glaubenswissen und Kirchenbesuch besteht. Je mehr jemand über den Glauben weiß, so die Botschaft, um so häufiger geht er am Sonntag zur Kirche. Und auch umgekehrt: Kirchgänger wissen über den Glauben mehr Bescheid als Nichtkirchgänger. Daraus könne man doch schließen, dass der Kirchenbesuch zunehmen werde, wenn sich das Glaubenswissen mehrt. Sogleich wurde ein Erwachsenenkatechismus in hoher Auflage in

Auftrag gegeben und unter die Leute gebracht. Die Entwicklung in Deutschland ging aber unverändert weiter. Zwar haben die Katechismen zugenommen, nicht aber die Kirchgänger.

Macht uns das Wissen wirklich gläubiger? Oder macht erst eine überraschende gläubige Erfahrung neugierig, mehr zu wissen?

In der alten Kirche wollte man keine Lehren verbreiten, sondern anderen die Chance geben, bei ihnen in die Lehre zu gehen. Wo kann man bei uns in die Lehre gehen?
Ein wichtiges Element einer solchen Lebenslehre bestünde darin, nicht Sätze über Wahrheiten auswendig zu lernen, sondern mit dem Herzen zu lernen, par coeur sagen die Franzosen. Ja noch mehr, müsste es nicht heute zunächst darum gehen, statt über Antworten zu reden das Fragen zu lernen?
Fragen gäbe es heute genug. Könnten wir nur zuhören, was die Menschen umtreibt, woran sie leiden, worüber sie sich freuen, wie sie das Glück verstehen und welche Wege sie dorthin einschlagen.
Aufmerksam zuhören, darum geht es hier. Fragen der Menschen werden ausgekundschaftet. Das wird nicht in zufälliger Weise geschehen, indem Einzelne zu Wort kommen. Die Aufmerksamkeit wird vielmehr wissenschaftlich kultiviert. In den letzten zwanzig Jahren konnte ich am Langzeitprojekt »Religion im Leben der Österreicher 1970-2010« sowie an der Europäischen Wertestudie 1981/2008 teilnehmen. In diesen Kulturdiagnosen wurde mir zunehmend deutlich, was die Menschen bewegt, was ihnen so »heilig« ist, dass sie darüber nichts kommen lassen. Die Konturen ihrer Träume sind sichtbar geworden, und was sie dafür tun, damit es Spuren des Glücks gibt. Erkennbar wurde aber auch die schattige Seite: Was trägt heute

dazu bei, dass so viele Wünsche ungelebt bleiben? Ist es Unmoral, Unvermögen?

Diese Erkenntnisse, die nichts anderes sind als die systematisierten Alltagserfahrungen vieler Menschen, haben meine theologische Arbeit herausgefordert. Ich bin in vielen Zusammenkünften mit Menschen darüber ins Gespräch gekommen und habe entdeckt, wie es ihnen gut tut, wenn ihr wirkliches Leben auf die theologische Tagesordnung kommt. Selten zuvor habe ich so viel Interesse an theologischer Arbeit erlebt wie in solchen Kursen, in denen das Alltagsleben der Menschen im Rahmen moderner Kultur zum Thema werden konnte. Von der oftmals beklagten Kluft zwischen der Religion und dem Leben war nichts mehr zu spüren.

Ich schreibe hier die gemachten Erfahrungen nieder. Dabei danke ich jenen vielen Frauen und Männern, die mit mir zusammen diese Theologie modernen Alltagslebens betrieben haben und die mich in ihre theologische Lebensschule gehen ließen. Was hier zusammengetragen ist, verdient nicht den formellen Namen Katechismus, obwohl es mit dessen Anliegen viel gemeinsam hat. Doch fehlt meinem Text der Anspruch auf Vollständigkeit. Oft ist es auch nur möglich, die Fragen genauer zu formulieren, statt angemessene und tragfähige Antworten zu geben. Aber vielleicht regt das die Leserin, den Leser eher an, selbst nach jener Antwort Ausschau zu halten, mit der sie, mit der er leben kann.

Es wäre mir eine große Ermutigung, könnten aus diesem Beitrag auch jene Menschen einen Gewinn ziehen, die sich mit Gott oder, was weniger tragisch wäre, mit seiner Kirche schwer tun. Mein Optimismus reicht sogar so weit, dass es nicht nur geistliches Brot auf der Lebensreise ist, sondern dass nebenbei auch die Kirche ein wenig mehr Sympathie gewinnt, als sie zur Zeit genießt.

Die einzelnen Kapitel laufen zwar einem roten Faden entlang: Sie wenden sich zunächst dem Menschen zu, um nach und nach sich der Kirche anzunähern. Jedes Kapitel aber ist in sich abgeschlossen und kann deshalb mit Gewinn allein gelesen werden.
Am Ende des Buches findet sich eine kurze Literaturliste. Sie gibt die Publikationen jener Autoren an und dokumentiert jene Studien, auf die in den einzelnen Texten Bezug genommen wird.

Was uns leben lässt, sind die Wünsche

In Kirchenkreisen gibt es über die moderne Welt und ihre Menschen weit mehr negative denn positive Urteile. Viele Zustände werden beklagt: Ehen werden geschieden, die Achtung vor dem Leben ist niedrig. Die Menschen sind egoistisch und nur hinter dem Konsum her. Gott wird ganz vergessen. Es herrscht praktischer Atheismus. Am Leben der Kirche nehmen die meisten schon gar nicht mehr teil. Immer mehr treten überhaupt aus. Auf einen einzigen Nenner gebracht: Die Menschen sind schlecht. Die Welt ist böse. Die Kultur verfällt. Nichts Gutes ist an ihr. Sind die Menschen wirklich so schlecht?

Die reichen Ergebnisse unserer Studien erlauben uns eine differenziertere und damit gerechtere Sicht des heutigen Menschen. Sie zeigen nämlich, dass das, was die meisten auch heute ihrem Leben abwünschen, durchaus gut ist. Und mag auch das, was wir in unserem Leben, Lieben und Arbeiten zusammenbringen, beschädigt sein, die Wünsche sind es nicht. Noch nicht?

Was die Menschen wünschen, ist schon geraume Zeit Thema breiter Forschung. Für die Deutsche Bischofskonferenz hatte der Züricher Professor Gerhard Schmidtchen untersucht, was den Deutschen heilig ist: also so wichtig, dass sie darüber nichts kommen lassen. Das Ergebnis ist weit einfacher, als man bei der Erforschung der Bedürfnisse des Menschen lange Zeit gemutmaßt hat. Menschen sind wie höher organisiertes Leben, wie beispielsweise ein Baum. Heilig sind uns das Wachsen und das Wurzeln.

Wachsen meint frei sein (87 %). 77 % verbinden damit den Wunsch, das Leben so leben zu können, wie sie es sich vorstellen. Zum Wachsen gehört auch, dass Eltern ihre Kinder erziehen können, wie sie es für richtig halten (76 %). Und nicht zuletzt zählt dazu der Wunsch nach einer freiheitlichen Staatsform (80 %).

Wurzeln hingegen ist keineswegs der Gegensatz zum Wachsen, sondern eher dessen spannender Gegenpol. Das leuchtet auf Anhieb ein. Nichts kann wachsen ohne Wurzeln. Aber auch Wurzeln sterben ab, wenn der Baum nicht wächst. Wurzeln, das meint beim Menschen: verbindlich mit anderen verbunden sein, mit der Familie, der Verwandtschaft, dem eigenen Volk, mit der Gemeinschaft der Kirche. Die Religion hat mit dem Wurzeln zu tun, und da wieder Weihnachten. Es ist ein Fest der Beheimatung. 76 % der untersuchten Österreicher etwa ist es heilig, dass sie mit ihrer Familie Weihnachten feiern können.

Nahm deshalb Gott schon bei seiner Geburt Heimatlosigkeit auf sich, um uns die Beheimatung bei Gott wieder zu schenken?

Christliche Theologie ist der sicheren Überzeugung, dass Gott die Welt und in ihr den Menschen erschaffen hat. Und Gott sah, dass es gut war, so der Refrain der einzelnen Strophen des Schöpfungsgedichts. Daraus folgt doch auch, dass das unausrottbare Wünschen des Menschen, sein Wunsch nach Wachsen und Wurzeln, gut ist. Und ebenso gut ist es, wenn die Menschen danach trachten, dass sich ihr Wünschen auch erfüllt. Gut ist es daher, wenn der Wunsch nach Wachsen sich äußert als Verlangen nach Selbstbehauptung und Selbstentwicklung. Gut ist Freiheit, gut ist Selbststeuerung. Gut ist der Wunsch nach einer Arbeit, die nicht nur das Auskommen sichert, sondern die Möglichkeit in sich trägt, Fähigkeiten zu entfalten. Wachsen heißt für Frauen, im familiären und im beruflichen Bereich sich entfalten zu können, wie umgekehrt für Männer im beruflichen und im familiären Bereich. In den Kirchen hieße Wachsenkönnen, dass es ein Klima der Freiheit, der Teilhabe, der Entwicklung gibt. Jedem wird die Offenbarung des Geistes geschenkt, damit sie anderen nützt (1 Kor 12,7).

Ist uns Selbstentwicklung wichtig? Fördern wir andere, so gut wir können? Achten wir Eigenwilligkeit, Freiheit, Autonomie, Selbstbestimmung wirklich genug? Und das sowohl in der Gesellschaft wie in der Kirche?

Gut ist der Wunsch nach dem Wurzeln. Irgendwo muss jeder daheim sein. Wer es nicht ist, der wird leicht zum unbehausten Nomaden, seelisch vereinsamt, psychisch obdachlos. Zwar gilt der Satz von Wilhelm Busch: Wohl dem, der einsam ist. Aber wehe dem, der vereinsamt. So braucht jede und jeder ein Dach nicht nur über dem Kopf, sondern auch über der Seele.

Sind unsere Kirchen häuslich? Begreifen wir in der Seelsorge den tiefen Wunsch der Menschen nach einem Zuhause, das auch den Tod überdauert? Sind die pastoralen Begegnungen wie kleine Beziehungshäuser, in denen die Menschen wurzeln und wachsen können? Erleben sie darin, wovon die heiligen Texte der Kirche reden, dass Gott wie eine feste Burg ist, ein Fels, ein sicherer Hort? Oder ist die Kirche nicht vielen zu kalt und unheimlich? Sind unsere Gemeinden Orte, wo jede und jeder sich sehen lassen kann vor jeder Leistung und mit aller Schuld?

Vor allem aber: Der wahre Sinn aller Religion ist nicht, dass wir über Gott Bescheid wissen, sondern in ihm hausen. Die Theologie fängt wieder an zu verstehen, dass der Sinn der Geheimnisse nicht darin besteht, dass wir sie begreifen, sondern dass wir sie bewohnen. Wer das erlernt, wem das geschenkt wird, im Ge-Heim-nis daheim zu sein, empfängt die Gnade, eine Mystikerin, ein Mystiker zu werden. Mystiker sind Geheimnisbewohner.

Sind die Kirchen beschenkt mit Menschen, die in das Geheimnis einführen – also mit Mystagogen? Noch mehr: Erahne ich selbst, dass jede und jeder von uns selbst ein Geheimnis ist, weil wir glauben, dass wir von Gottes Geheimnis längst umhüllt sind, bevor wir es begreifen: Denn in ihm leben wir, bewegen wir uns und sind wir (Apg 17,28)?

Das Fragen setzt sich fort. Haben wir einmal begriffen, dass das Wünschen gut ist, dann ist es nicht mehr so schwer zu verstehen, dass es auch eine Lebenskultur geben darf, die unserem Wünschen Raum verschafft. Denn im Wünschen kommt zum Vorschein, was Gott uns an Möglichkeiten eröffnet hat und in welche Richtung unser Leben aufblühen kann. Zu einer solchen Lebenskultur gehört vor allem:

Wie steht es dann um die gute Balance zwischen dem Wachsen und dem Wurzeln? Manche Menschen neigen zu einem tra-

gischen Entweder – Oder. Die einen wachsen unentwegt, ohne sich um starke Wurzeln zu kümmern. Andere hingegen sind nur um ihr Wurzeln besorgt. Die einen sind ständig auf Veränderung aus, für sich, für die Gemeinschaften, in denen sie leben, auch in der Kirche. Es sind die Berufsreformer. Die Unsesshaften. Die stets Unzufriedenen. Sie lassen einer Saat keine Zeit zum Wachsen, sondern pflügen schon im Winter und im Frühling. Wen wundert es, dass sie nichts ernten?
Andere hingegen haben einen angstbesetzten Bedarf nach dem Wurzeln, nach Stabilität, danach, dass alles bleibt, wie es ist. Es gibt Studenten, die ihre eigenen Urgroßväter sein könnten, so fertig sind sie mit ihren Ansichten, so wenig getrauen sie sich, Ungewöhnliches zu denken oder gar zu leben. Du hast Dich gar nicht verändert – Oh, sagte Herr K, und erbleichte. Diese Keunergeschichte von Bertolt Brecht gibt knapp wider, was Jesus in der Talenteparabel den Zuhörerinnen und Zuhörern nahebringen wollte. Gott gibt die Talente nicht, dass wir sie ängstlich vergraben, sondern dass wir damit wuchern: das Talent der Sexualität, der Macht, der Autorität, vor allem aber das Talent, dass wir uns selbst Tag um Tag erschaffen und uns eben in dieser Herausforderung zu schöpferischer Freiheit als Ebenbild des Schöpfers erweisen.
Alles hat seine Zeit: Das Wachsen und das Wurzeln, die Stabilität und die Mobilität ...

Menschen, die nach etwas aus sind, nennt die Bibel jungfräulich. Das ist der tiefste Grund unseres Wünschens, dass wir aus sind nach dem lebendigen Gott. Auf ihn hin zu wachsen, um in ihm zu hausen: Darin erkennen viele den tiefsten Sinn des dauerhaften Wünschens inmitten ihres flüchtigen Lebens.

Vom vergeblichen Versuch, den Himmel auf Erden zu finden

Maßlos ist des Menschen Wünschen: der Wunsch nach dem Ansehen, nach der Macht und nach der Heimat. Wir leiden geradezu an seiner Maßlosigkeit. Je länger ein Mensch in vollen Zügen und nicht aus Angst auf Sparflamme (vgl. Mt 25,13–30) lebt, um so mehr wird ihm klar, dass er stets nach mehr aus ist, als stattfindet. Was ist der Sinn solcher Erfahrungen?
Karl Rahner nannte es einmal eine Erfahrung der Gnade, wenn in unserem Leben die Rechnungen offen bleiben. In der Tat: Dieser ständige utopische Überschuss kann theologisch besehen Gottes charmante Art genannt werden, sich bei uns Gottvergessenen in Erinnerung zu halten.
Dahinter steht die alte Weisheit der Religionen, dass unser Leben auf der Erde eine dritte Schwangerschaft ist, aus der wir im Tod hinausgeboren werden in ein Leben, das versehen wird mit den Eigenschaften ewig, schlechthin sinnvoll. Die Symbole Himmel und Paradies, aber auch ewiges Licht, ewige Ruhe werden dafür verwendet. Der Mensch bleibt immer ein wenig fremd auf dieser Erde: Hinweis darauf, dass wir nicht (allein) für die Erde, sondern für den Himmel erschaffen sind. Ein in sich überreich liebender Gott ist wie eine unendliche Liebesgebärde, in der er schaffend jene hervorbringt, die er liebt. Aus Liebe (»ex amore«) sind wir erschaffen (Weish 11,24–26).
Hauptstück religiöser Lebenskunst war es dementsprechend immer schon, die Menschen nicht nur die Liebe zur Erde zu lehren, sondern zugleich den Himmel offenzuhalten. Ein altes Tagesgebet drückt es treffsicher aus: »Herr, lehre uns im Varieté dieser Welt unsere Herzen dort festzumachen, wo die wahren Freuden sind.« (21. Sonntag im Jahreskreis)

Uns Heutigen bleibt der Himmel die meiste Zeit verschlossen. Der Jahrhunderte lang zu Recht befürchteten Vertröstung auf das Jenseits ist eine anstrengende Vertröstung auf das Diesseits gewichen. Eine solche Verlagerung unserer Aufmerksamkeit hat aber die Sehnsucht nach dem Himmel keineswegs zerstört. Wir tragen sie nach wie vor in uns, was an unserem maßlosen Wünschen ablesbar ist und was uns durch die offenen Lebensrechnungen in Erinnerung gehalten wird.
In dieser Lage – den Himmel auch dann erwünschend, wenn er uns verschlossen bleibt – fangen viele unbemerkt an, den Himmel auf Erden zu suchen. Wir tun es dort, wo das alltägliche Leben stattfindet, in der Liebe, in der Arbeit, im Amüsement. In diesen drei Bereichen bringen wir unseren Himmelswunsch unter und suchen unseren Hunger nach dem maßlosen Glück zu stillen.

Der Versuch, den Himmel auf Erden zu finden, erweist sich immer deutlicher als vergeblich. Neuere psychologische Literatur hat längst aufgedeckt, dass wir auf diese Weise auch die uns möglichen Fragmente des Glücks beschädigen und zerstören. Die Welt, die Liebe, die Arbeit, das Amüsement gehen an Überforderung zu Grunde: Wir arbeiten uns alle noch zu Tode (Diane Fassel [1989]). Wir amüsieren uns zu Tode (Neil Postman [1985]). Wir lieben uns zu Tode (nach Jürg Willi [1985]). Aber selbst dann, wenn nach und nach die Vergeblichkeit dieses Weges offenkundig wird, verfolgen einige Zeitgenossen diese Spur konsequent weiter. Wenn die Zeit eines einmaligen Lebens nicht ausreicht, wird – in Umdeutung der asiatischen Religionsbilder – der Wunsch nach weiteren Leben geweckt. 19 % der Europäer rechnen mit Reinkarnation. In dieser Erlösungslehre einer der ganz großen Religionen der Welt steckt eine tiefe Weisheit. Doch das ist es nicht, was den Europäern heute an ihr so faszinierend erscheint. Der Unterschied zwischen den frommen Asiaten und den lebenshastigen Europäern ist eklatant: Der Asiat will aus dem Kreislauf, wiedergeboren werden zu müssen, heraus, der Europäer will hinein. Statt Erlösung wird Seelenrecycling gesucht. Ob das eine Lösung ist für die hastige Suche nach dem ganzen Glück? Ich habe Zweifel. Ein anderer Ausweg ist noch bedauernswerter: die Ermäßigung des Wünschens. Wieder wird asiatische Religion bemüht. Alles Leid komme aus dem Wünschen. Wer also das Wünschen tötet, erlange Leidfreiheit. Aber sagen wir nicht: Ich kann dich leiden, wenn wir von Liebe sprechen? Was wäre dann ein Leben ohne Leid und Liebe? Ist es das Glück der Wunschlosigkeit oder das wunschlose Unglück (Peter Handke)? Nicht jene sind zu bedauern, deren Träume nicht in Erfüllung gehen, sondern jene, die keine mehr haben (Maria von Ebner-Eschenbach). Die Osterkerze ist ein besseres Symbol für den Menschen als eine erloschene Kerze. Es ist eine alte Weisheit der Poesie, »dass noch der Hauch der Sehnsucht süßer ist als der Besitz«.

Wäre nicht das Fegfeuer eine Alternative zur angestrengten Lebenshast oder zur nachfolgenden Ermäßigung des Wünschens? Dieses alte Hoffnungsbild christlichen Glaubens wurde zwar im Lauf der Zeit arg beschädigt und wurde in Verbindung mit Geld zu einem Kampfthema der Reformatoren des sechzehnten Jahrhunderts gegen die katholische Kirche und ihre spirituell gestützte Geldbeschaffungspolitik. Trotzdem: Man müsste diese Lehre geradezu neu erfinden, gäbe es sie nicht bereits. Fegfeuer meint von Gott her gesehen das Recht des Menschen darauf, als Fragment in den Tod gehen zu dürfen, und das unbeschadet seiner unausrottbaren Sehnsucht nach dem Ganzen, dem Schalom. Das menschliche Fragment, das wir in den Tod mitbringen, wird im Umkreis des reinigenden und heilenden

Feuers der Liebe Gottes in einem schmerzlichen Vorgang ganz gemacht: was uns für das ewige, schlechthin sinnvolle Leben bereitet. »Wie durch Feuer hindurch« werden wir gerettet.

> Das Werk eines jeden wird offenbar werden; jener Tag wird es sichtbar machen, weil es im Feuer offenbart wird. Das Feuer wird prüfen, was das Werk eines jeden taugt.
> Hält das stand, was er aufgebaut hat, so empfängt er Lohn. Brennt es nieder, dann muss er den Verlust tragen. Er selbst aber wird gerettet werden, doch so wie durch Feuer hindurch.
> (1 Kor 3,15)

Ist ein solches Recht des Menschen auf das Fragment von Gott her begründet, schützt es auch das Leben und Zusammenleben der Menschen vor ständiger zerstörerischer Überforderung. Der andere neben mir bekäme beispielsweise in der Liebe erstmals das Recht, ein endlicher Mensch zu sein. Gerade als solcher wäre er liebenswürdig. Auch mir gegenüber, angesichts der Zumutung Gottes, mich ein Leben lang selbst zu erschaffen und damit die Schöpfungsgeschichte voranzubringen, gäbe es gelassene Entlastung. Denn der Zwang, perfekt sein zu müssen, ist die Quelle vielfältiger Beschädigungen der Seele. Ideale entwickeln eine destruktive Kraft (Wolfgang Schmidbauer [1980]).
Im Umkreis dieses Rechts auf das Fragment bekäme eine Tugend eine Chance, die für das Zusammenleben der Menschen unentbehrlich ist, die Tugend des Erbarmens.

Im Geheimnis daheim sein

Jahrelang wurde in der religionssoziologischen Forschung die Auffassung vertreten, dass die Modernisierung der Gesellschaft zu einem Verschwinden der Religion führen werde. Für diesen Vorgang wurde das Verstehensmodell der Säkularisierung entwickelt. Moderne Gesellschaften seien mit innerer Konsequenz säkularisierte Gesellschaften. Mit dem Aufstieg der Moderne gehe der Abstieg der Religion einher. Die moderne Welt werde zunehmend »entzaubert« (Max Weber [1972]), sie werde von den Händen der Priester in jene der Lehrer übergeben (Emile Durkheim [1960]). Wo Sachlichkeit herrscht, bleibe für Religion wenig Platz. Sie werde in den Bereich des Außeralltäglichen verbannt, während das Alltagsleben von ihr frei, oder wie manche es auch wünschten, befreit sein werde. So wie dem Irrationalen durch den Fortschritt der Wissenschaft immer mehr rationale Bereiche abgerungen werden, so würden auch die nichtreligiösen Bereiche des Lebens immer größer. Ein dramatischer Prozess der Säkularisierung finde statt, bei dem nicht nur die Kirchen, sondern auch die Religion immer mehr an Boden verlieren würde. Und dieser Vorgang, so das Grunddogma der solchen Ansichten zugrunde liegenden einbahnigen Geschichtsbilder, sei unumkehrbar, irreversibel. Das Ende der Religion und der auf sie gestützten Kirchen sei damit nur eine Frage der Zeit. Je moderner, desto säkularisierter.

Was die Forscher vorhersagten, wandelte sich bei den Kirchenleuten in panische Angst und in ihrem Gefolge in kulturpessimistisches Klagen um. Die Welt werde immer gottloser, und auf diesem Weg auch unmoralisch. Wenn nämlich Gott abhanden kommt, warum sollten sich dann die Menschen noch an die Gebote eines abhanden gekommenen Gottes halten?

Bereits Mitte der 70er Jahre hat die Religionssoziologie diese Deutung angefangen zu bezweifeln und nach und nach aufgegeben. Der weltweite Vormarsch des Islam trug dazu ebenso bei wie die Erkenntnis, dass der Auszug der Religion aus den alten Kirchen nicht zum Ende, sondern eher zur Umwandlung der Religion führt (Thomas Luckmann [1967]). Spätestens die großangelegte Europäische Wertestudie der Jahre 1981 und 1990 sowie der International Social Survey von 1991 räumen mit dem Säkularisierungsmodell endgültig auf. Der modernisierteste Kontinent der Welt, Nordamerika und auf ihm die Vereinigten Staaten und Canada, haben ein außerordentlich hohes religiöses Niveau. Zudem hat in den letzten zwanzig Jahren in mehreren Bereichen der Welt (auch in Osteuropa) das religiöse Suchen zugenommen.
Zwar teilen die alten religiösen Institutionen das Schicksal aller Institutionen in freiheitlichen Gesellschaften. Die Menschen nehmen die Zuweisung ihrer Deutungs- und Lebensmuster nicht mehr unbesehen hin. Ihr Verhältnis zu ihrer eigenen Kirche unterliegt nunmehr der persönlichen Wahl (Peter L. Berger [1980]). Das eröffnet die Möglichkeit einer neuartigen religiösen Mobilität, von Annäherung und Entfernung. Aber selbst außerhalb formeller Mitgliedschaft orientieren sich Menschen an einer Kirche und bleiben Erwartungen an sie aufrecht, die in manchen Bereichen (wie Frieden, Umwelt, Dritte Welt) nachweislich stärker sind als unter den eigenen Mitgliedern.

Was erstaunlich ist, aber dann doch wieder nicht verwundert, ist die Tatsache, dass sich viele Jahre nach dem Abschied der Religionssoziologie vom Säkularisierungsmodell dieses bei den amtlichen Vertretern der christlichen Kirchen hält. Zumal die Erste Welt (Europa, Nordamerika) wird für säkularisiert angesehen (Johannes Paul II. [1986]). Religion in Europa sei eine Religion ohne Gott (Johann Baptist Metz [1991, 1992]). Warum ist den Kirchenmännern an einer solchen abwertenden Beurteilung der Menschen so hartnäckig gelegen? Wie kann man einen ganzen Kontinent wie Europa als gottlos bezeichnen, wenn sich unter den befragten Menschen in Europa knappe fünf Prozent als Atheisten bezeichnen? Gewiss, die übrigen sind nicht alle religiös: So haben sich 1991 in Europa 57,3 % selbst eingestuft. 29,8 % haben sich als unreligiös eingeschätzt. Diejenigen, die sich selbst für religiös ansehen, tendieren dazu, Gott in ihrem Leben für wichtig zu halten, sie beten, wünschen religiöse Feiern zumal zu Geburt, Heirat und Tod, schätzen Meditation als Zeit der Ruhe und ziehen aus dem Glauben für ihr Leben Trost.

Das Ende der Religion ist also nicht in Sicht. Übrigens mit Sicherheit auch nicht das Ende der Kirchen, wenngleich sich in absehbarer Zeit ihre soziale Gestalt und ihr Umgang mit den Menschen tiefgreifend wandeln werden: in Richtung auf eine Wertschätzung des Anspruchs der Menschen auf verantwortliche Selbststeuerung ihres Lebens.

Warum aber liegt den Zeitgenossen auch dann, wenn sie einer religiösen Gemeinschaft die formelle Mitgliedschaft aufkündigen, daran, sich selbst als religiös zu bezeichnen?

Tief in jedem Menschen sitzt der unausrottbare Wunsch nach Wurzeln. Irgendwo muss der Mensch daheim sein. Umgekehrt bedrohen uns Heimatlosigkeit, das Elend des Auslands, die Entfremdung von anderen, von uns selbst. Wir brauchen ein Dach nicht nur über unserem Körper, sondern ebenso über unserer Seele. Keine, keiner kann gänzlich unbehaust leben. Psychische Obdachlosigkeit erleben wir als bedrohlich.

Nun führt dieser Wunsch nach einem Dach über der Seele nicht gleich zur Religion und zu Gott. Vielmehr binden wir unseren Wunsch nach der Beheimatung an verschiedene Wirklichkeiten und erleben darin auch eine spurenhafte Stillung des Wunsches. Wichtig ist uns eine heimelige Wohnung. Vielen ist es »heilig«, zu einem Volk zu gehören, Deutscher, näherhin Bayer oder Hesse, Züricher oder Österreicher zu sein. Von ganz hoher Wichtigkeit ist den meisten von uns die kleine Lebenswelt der Familie. Wir schlagen also Wurzeln bei anderen Menschen, bei Freunden, in der Familie, aus der wir kommen, und in jener, die wir als Raum, geprägt von Stabilität und Liebe, aufbauen, wohnlich erhalten und nur unter großen Belastungen verlassen. Unantastbar heilig ist uns der Zusammenhalt der Familie und der Verwandtschaft. Viele verbinden damit auch Weihnachten: Es ist in unseren Breiten ein Fest der Beheimatung geworden, eine keineswegs verachtbare, sondern feinfühlige Inkulturation des weihnachtlichen Geheimnisses: Denn wurde Gott nicht auch dazu einer von uns, hat er sich in unsere unheimliche Geschichte eingemischt, um uns den Zugang zur bleibenden Heimat bei Gott wieder zu eröffnen?

> Seht doch, wie gut und schön ist es, wenn Brüder miteinander in Eintracht wohnen.
> (Ps 133,1)

> Und das Wort ist Fleisch geworden und hat unter uns gewohnt, und wir haben seine Herrlichkeit gesehen, die Herrlichkeit des einzigen Sohnes vom Vater, voll Gnade und Wahrheit.
> (Joh 1,14)

Alle diese Wohnungen sind für ein gutes Leben, das diesen Namen verdient, unentbehrlich. Wir können ohne solche Wohnungen für unsere Seele nicht leben. Deshalb schätzen es die Menschen so sehr, in Frieden beieinander zu wohnen und einander beizuwohnen. Zugleich aber ahnen wir, dass alle diese Wohnungen verlassen werden müssen. Ihnen eignet Vergänglichkeit. Der Tod zwingt alle von uns zum Aufbruch.
Gerade dann verheißt aber Religion ein bleibendes Dach über der Seele. Gott vergisst auch in der Nacht des Todes meinen Namen nicht. Jesus ging heim zum Vater, um uns im Himmel eine Wohnung zu bereiten. Eben in dieser Hinsicht haben viele Menschen ein Verlangen nach Religion. Sie suchen ein bleibendes Dach über der Seele. Religion ist für sie die verlässlichste Form des Wohnens ihrer Seele.

Von hier aus kann Religion sehr wohl in der alten Sprache der Mystik beschrieben werden. Das griechische Wort Mystik kommt von myein, was soviel heißt wie staunend beschweigen. Von diesem Zeitwort leitet sich das Hauptwort mysterion ab. In unserer Sprache steht dafür das aufschlussreiche Wort Geheimnis. Dieses Bildwort deutet bereits auf Heim, Heimat und Wohnen hin. Was wir in unserer theologischen Arbeit oft übersehen, ist, dass der Sinn der Geheimnisse nicht darin besteht, dass wir sie verstehen, sondern mit unserer Seele bewohnen. Ein Mystiker ist dann gleichsam ein Geheimnisbewohner. Eine Mystikerin eine Geheimnisbewohnerin. Mystikern ist es geschenkt, inmitten einer unheimlichen Welt im Geheimnis daheim zu sein, in jenem Geheimnis, das die Menschheit in einer alten Tradition des Betens und Klagens Gott nennt.

Unsere christlichen Kirchen wären an sich die geborenen Wegweiser in die Mystik. Dennoch sind sie heute arm an mystischen

Erfahrungsräumen. Mystagogen, also Menschen, die den Weg ins Geheimnis aus eigener Erfahrung kennen und so mit anderen Suchenden auf die mystische Fahrt gehen können, sind zu selten. Die heutigen Kirchen setzen statt auf solche mystagogischen Vorgänge auf die Vermittlung von Glaubenssätzen und Moralnormen. Kirchenversammlungen befassen sich hektisch mit der Weitergabe des Glaubens. Es ist so, als wenn man, statt zu lieben, über die Liebe informiert wird. Oder als wenn man, statt auf Fahrt zu gehen, Landkarten studiert. Religion hat sich vielfach aus dem Leben zu einem Lebensersatz verdünnt.
Mitschuld an solcher Ausdünnung der Religion ist nicht zuletzt die Aufklärung, die in Österreich mit dem Josephinismus eng verknüpft ist. Joseph II. ist der geheime oberste Kirchenpatron auch der zeitgenössischen Kirchen im Kontext der Aufklärung. Viele kirchliche Aktivitäten stehen heute unter dem josephinischen Diktat, die Nützlichkeit der Religion erweisen zu müssen. Zum Wesen der Mystik gehört jedoch zunächst, dass sie nicht nützlich ist. Sie gehört nicht zum Bereich des Herstellens, sondern des Darstellens. Mystik sagt – wie die Liebe –, es ist, was es ist, und sieht zunächst davon ab, was sein soll. Kirchen in ihren verschiedenen Lagern – die Konservativen und die Progressiven sind sich überraschend eins – fragen aber nach dem moralischen Imperativ: die einen nach dem, was die Lebensführung des Einzelnen betrifft, die anderen, was das Zusammenleben angeht. Gemeinsam ist die Reduktion der Religion auf die Moral.
Damit kein Missverständnis auftaucht: Die alte Formel agere sequitur esse ist nach wie vor in Kraft. Nur ein guter Baum kann gute Früchte tragen und wird das auch tun. Die Mystik hat Folgen. Wie aber sollen sich die Folgen einstellen – ohne Mystik? Wie soll sich ein Lebensstrom entfalten – ohne Quelle?
Der Christ der Zukunft wird ein Mystiker sein, oder er wird

nicht sein (Karl Rahner [1982]). Auch die Kirche der Zukunft wird mehr als heute mystisch sein. Das notorische Mystikdefizit wird abgebaut werden. Das erste, was die Kirchen den Menschen zugänglich machen werden, sind dann nicht Wissensgebäude, sondern sind Erfahrungsräume. Es mag für die Verantwortlichen in den Kirchen bedrohlich wirken und ist es der Sache nach auch: Schlimm wäre es, wenn das Suchen nach dem Wohnen im Geheimnis aus den Kirchen auswandern würde. Die mystische Dynamik, aus der allein sich eine christliche Gemeinschaft aufbauen kann, würde der Kirche fehlen und sie zu einem toten Gebäude von Lehrsätzen und Moralnormen verkümmern lassen.

Die Kirchen werden alsbald lernen, dass sie in all dem, was sie tun, vor allem aber in ihrer Liturgie, mystische Erfahrungsräume eröffnen, in denen die Menschen ein Dach über ihrer Seele finden. Das wird aber nur dann gehen, wenn die Kirchen ein zugängliches Anwesen Gottes sind. Immanuel, Gott ist mit uns, ist deshalb eine biblische Kurzformel für das Wesen der Kirche. Eine solche mystische und mystagogische Kirche braucht um ihre Zukunft nicht bangen. Eine alte biblische Verheißung wird auch ihr zuteil werden:

> So spricht der Herr der Heere:
> In jenen Tagen werden zehn Männer
> aus Völkern aller Sprachen
> einen Mann aus Juda
> an seinem Gewand fassen,
> ihn festhalten und sagen:
> Wir wollen mit euch gehen;
> denn wir haben gehört:
> Gott ist mit euch.
> (Sach 8,23)

Hinter der Kirche werden also Menschen von überall her sein, wenn sie die Gewissheit haben können, dass sie dort das wohnliche Geheimnis Gottes finden werden. Sie sind ja im Grund hinter Gott, und nicht hinter der Kirche her. Die Kirche hat deshalb für sie zu Recht nur dann einen Sinn, wenn sie solidarisch ist mit ihrer Suche nach einem bleibenden Dach über der Seele.

Psychische Obdachlosigkeit

Unsere moderne Kultur verlangt jedem von uns ein hohes Maß an Beweglichkeit ab. Erwartet wird von vielen, dass sie sich im Lauf ihres Lebens beruflich mehrmals umorientieren. Oft ist mit dem Berufswechsel ein Wohnortwechsel verbunden. Beweglichkeit wird auch durch Bildung begünstigt. Dazu kommt der Reichtum an Informationen, der täglich via Satellit ins Haus geliefert wird, den wir uns lesend aneignen können, der viele auch gleichsam überflutet. Wir reisen zudem mehr als frühere Generationen und werden so kulturell mobil. Mobilität macht auch vor der Religion und der Liebe nicht halt. Manche sind ihr Leben lang auf der Reise nach der ihnen angemessenen Form der Religion, verlassen die eine Gemeinschaft, wenden sich einer anderen zu, gehen dann wieder ein Stück. ihres Lebens allein. Ähnlich ist es in der Liebe. Immer mehr, so nötigen uns die Statistiken zu denken, verlassen ein Beziehungshaus und ziehen um. Kurz: Mobilität ist eines der zentralen Merkmale modernen Lebens: als Chance, als Herausforderung, immer öfter aber auch als Überforderung.
Eines der beiden großen zeitgenössischen Lebensheiligtümer der Menschen heißt Wachsenkönnen, frei sein, sich selbst

steuern, das Leben eigenständig und eigenmächtig gestalten können. Die Chancen, das eigene Leben im Sinn dieses Urwunsches zu realisieren, sind also groß wie kaum je zuvor. Und viele Menschen nutzen ihre Chance in faszinierender Weise und haben Freude am Reichtum ihrer qualitativen Lebenschancen.

Nun fürchten manche, dass von dieser Mobilitätseuphorie alsbald das gesamte Leben geformt sein wird. »Nix is fix«, so ist zu hören. Und während Luther noch gesagt hat: Hier stehe ich und kann nicht anders, soll es das Lebensmuster der Heutigen sein, zu denken und zu sagen: Hier stehe ich, kann aber jederzeit anders. Alles, was nach einem Gesamtentwurf aussieht, Verbindlichkeit verlangt, was Verlässlichkeit und Treue fordert, werde zurückgewiesen. Beweglich bleiben sei am Ende das oberste Ziel. Deshalb würde sich alsbald auch niemand mehr binden, nicht an eine politische Partei, an einen Arbeitgeber, an einen Menschen, an eine Religion, an Gott. Damit komme jedoch auch das Ende des Vorhersehbaren, des Verbindlichen: also auch der Institutionen. Der totale Nomade sei im Kommen.

Weil sie auf die empirische Verifizierung ihrer Schlag-Worte großzügig verzichten, müssen solche pessimistischen Prognosen notorischer Kulturkritiker von rechts wie links in und außerhalb der Kirche übersehen, dass in dem Maß, in dem wir mobil leben, zugleich der Wunsch nach Stabilität wächst.

So zeigen Studien, dass im europäischen Schnitt 82,7 % der Menschen der Lebensbereich Familie sehr und weiteren 14,6 % ziemlich wichtig ist. An ihrer Familie schätzen offenbar die Menschen, dass sie einen Raum eröffnet, der geprägt ist von Stabilität und Liebe (Brigitte und Peter L. Berger [1984]). Die Familie ist für sie eine Art Dach über der Seele. Ohne eine solche seelische Behausung droht dem Menschen psychische Obdachlosigkeit. Und diese Bedrohung ist um so massiver, je un-wirtlicher und un-heimlicher die mobilen Alltagswelten der Menschen sind. Keine seriöse Forschung wiederholt daher die Prognosen aus den 70er Jahren, dass das Ende der Familie bevorstehe. Nicht nur Kinder, sondern auch jeder Erwachsene braucht heute eine »kleine Lebenswelt«, in der er zu Hause ist. Die Familie ist also nicht am Ende, sondern für das psychische Überleben der Menschen so wichtig wie noch nie. Sie ist, so sagen wir in unserem Kulturraum seit altersher, ein Ort des Wohnens und Beiwohnens, vor allem aber ein Wohnort der unbehausten Seele des Menschen.

Auf diesem Hintergrund lässt sich ermessen, wie bedrohlich zumal heute eine Trennung oder eine Scheidung sind. Was dabei stattfindet, lässt sich so beschreiben: Aus Schuld und Tragik – wer vermag zu richten und die möglichen Ursachen gerecht zu trennen – wird das vor mehr oder weniger langer Zeit erbaute und bezogene Beziehungshaus unbewohnbar. Statt der Seele Schutz zu gewähren, erweist es sich als zerstörerisch. Aus einem Lebensraum wurde ein Todesraum. Ausziehen ist dann nicht nur ein Akt des Überlebens, sondern manchmal geradezu sittliche Pflicht. Die christliche Tradition kennt denn auch die Trennung von Tisch und Bett.

Scheidung geschieht also oft um des Überlebens willen, erschwert dieses aber zugleich. Denn nicht nur der Scheidungsvorgang selbst raubt enorm viel Lebensenergie und läuft oftmals unter schwerwiegenden seelischen Kränkungen und Verletzungen ab. Insbesondere geht nach einer Trennung eben jener Wunsch ins Leere, der zur Verbindung geführt hatte, nämlich der Wunsch nach einem Dach über der Seele. Geschiedene Männer und Frauen erleben sich psychisch oftmals obdachlos. Sie teilen das Schicksal vieler Alleinlebender, die zu Unrecht und gegen Forschungserkenntnisse als single gepriesen werden. Doch schätzen die Menschen die Lage der singles sehr realistisch ein. Sie sind frei, sagen sie, aber zugleich einsam.

So überrascht es nicht, dass sich Alleinlebende, wenn sie können und vom Scheitern der Lebensgemeinschaft nicht zu sehr beschädigt sind, alsbald wieder nach einem Partner umsehen, mit dem zusammen sie neuerlich eine befriedigende kleine Lebenswelt aufbauen und ihren Wunsch nach einem Raum von Stabilität und Liebe beruhigen. Eine solche Gemeinschaft muss gewiss nicht in jedem Fall eine Ehe sein. Es kann sich auch eine Freundschaft bilden. Selbsthilfegruppen entstehen. Religiöse Gemeinschaften bieten oftmals Schutz. Andere bezahlen die professionelle Zuwendung von Therapeuten. Aber ist nicht jedes Miteinander, das Stabilität und Liebe gewährt, besser als psychische Obdachlosigkeit?

> Fehlt die Mauer, so wird der Weinberg verwüstet,
> fehlt die Frau, ist einer rastlos und ruhelos.
> Wer traut einer Horde Soldaten, die dahinstürmt von Stadt zu Stadt? So steht es mit einem Mann, der kein Heim hat:
> Er geht zur Ruhe, wo es gerade Abend wird.
> (Sir 36,30f)

> Zwei sind besser als einer allein, falls sie nur reichen Ertrag aus ihrem Besitz ziehen.
> Denn wenn sie hinfallen, richtet einer den anderen auf. Doch wehe dem, der allein ist, wenn er hinfällt, ohne dass einer bei ihm ist, der ihn aufrichtet.
> Außerdem: Wenn zwei zusammen schlafen, wärmt einer den andern; einer allein – wie soll er warm werden?

> Und wenn jemand einen einzelnen auch überwältigt, zwei sind ihm gewachsen, und eine dreifache Schnur reißt nicht so schnell.
> (Koh 4,9–12)

Christliche Kirchen, zumal die katholische, tun sich mit Geschiedenen – und zumal jenen unter ihnen, die wieder heiraten – nicht leicht. Sie überliefern eine klare Weisung Jesu, dass Gott den Liebenden lebenslange Treue zu-traut. Und was Gott verbunden hat, das soll der Mensch nicht trennen.
Freilich, schon in der neutestamentlichen Zeit haben im praktischen Gemeindealltag nicht alle christlichen Gemeinden mit dieser Berufung Jesu auf die Schöpfungsabsicht Gottes das Auslangen gefunden. Die Matthäusgemeinde kennt in bestimmten Fällen eine Trennung, und dem Bischof in der Ostkirche, die sich auf diesen Traditionsstrang der Bibel stützt, obliegt es in seiner Fürsorge für die Bewohner des kirchlichen Hauses, eine lebbare Lösung zu finden. So wird nach einer mehrjährigen Bußzeit, die auch gut als Verarbeitung der zerbrochenen Ehe und der Scheidung angesehen werden kann, eine zweite kirchliche Heirat mit liturgischer »zweiter Krönung« möglich gemacht.
Oft hat man bei einschlägigen Diskussionen in der katholischen Kirche den Eindruck, als sei hinsichtlich der Scheidung das oberste Problem die Zulassung der wiederverheiratet Geschiedenen zu den Sakramenten der Buße und damit der Eucharistie. Das macht die Scheidung und eine daran geknüpfte Wiederheirat zu einer Frage der Moral. Das ist sie gewiss auch. Aber ist sie das heute allein und in erster Linie?
Wenn es stimmt, dass niemand ohne Dach über seiner Seele leben kann, dann geht es bei einer Scheidung nicht um dieses oder jenes moralische Detail, sondern oftmals ums Ganze, nämlich das heile seelische Überleben. Dann kann und darf

aber die erste Frage der kirchlichen Gemeinschaft sich nicht auf die durchaus mögliche Schuld, sondern wird sich auf das Überleben richten: Im Vordergrund steht dann nicht die moralische Bewertung, sondern die Diakonie, die Überlebenshilfe. Sich lediglich auf die moralische Beurteilung zurückzuziehen, und vielleicht sogar großzügig zu den Sakramenten zuzulassen, wäre in Anbetracht der bedrohlichen Seite jeder Scheidung und Trennung zynisch. Die allererste Frage muss nämlich vor allem dann, wenn jemand das Gefühl hat, schuldlos verlassen worden zu sein, lauten: Kannst du lebensmäßig wieder Fuß fassen? Findest du wieder Spuren eines Lebens in Frieden (dazu hat dich Gott berufen! 1 Kor 7,15c)? Findet deine Seele bei irgendwem Unterschlupf? Notdürftig vielleicht nur? Wie kann sich das Selbstwertgefühl wieder aufbauen, das Vertrauen in die eigene Liebenswürdigkeit?
Eines aber muss auf jeden Fall klar sein: Die Kirche wird morgen mehr als heute schon einen großen Respekt vor der Überlebenscourage vieler Geschiedener und Getrennter haben. Es kostet heute oft viel mehr Mut, als die in ihrer Ehelosigkeit privilegierten Seelsorger ahnen, bei einer schmerzlichen Trennung, in der ein Stück Lebenswelt zerstört wird, auf der Seite des Lebens zu bleiben. Selbstmordstatistiken bezeugen dies: Trennung zählt zu den obersten Selbstmordursachen. Scheidung gehört auch zu den stärksten Stressfaktoren heutigen Lebens. Gewiss kann jemand sagen, es sei gar nicht gut, sein Überleben so sehr an einen Menschen zu binden, dass nach dessen Weggang (durch Scheidung oder auch durch Tod) das eigene Überleben in Gefahr ist. So richtig diese Mahnung ist: In einer Gesellschaft, wo verlässliche und dauerhafte Beziehungen als Dach über der Seele eine derartige Bedeutung haben, kann die Bedrohlichkeit einer Trennung und einer Scheidung nicht hoch genug eingeschätzt werden.

Wir streiten an dieser Stelle gar nicht über das Thema der Zulassung zu den Sakramenten. Die Bischöfe der Oberrheinischen Kirchenprovinz Karl Lehmann, Walter Kasper und Josef Saier haben 1993 dazu ein viel beachtetes und den Betroffenen und ihren seelsorglichen Begleiterinnen und Begleitern dankbar angenommenes Hirtenwort »Zur seelsorglichen Begleitung von Menschen aus zerbrochenen Ehen, Geschiedenen und Wiederverheirateten Geschiedenen« (Freiburg, Mainz, Rottenburg-Stuttgart 1993) herausgegeben. Mir liegt daran, dass die Aufforderung Johannes Pauls II. aus dem Jahr 1980 eingelöst wird, dass niemand von den Betroffenen das Gefühl bekommt, von der Gemeinschaft der Kirche getrennt zu sein. Bei dieser päpstlichen Aufforderung kann nicht allein die rechtliche Lage der Betroffenen gelten. Gefordert ist ein wirksamer Überlebensdienst der kirchlichen Gemeinschaft.
Freilich, an dieser Stelle zeigt sich eine theologisch begründete strukturelle Schwäche der Kirchen, die sich auch in anderen Bereichen für die Betroffenen höchst nachteilhaft auswirkt. Für die Einlösung selbst unserer erklärten guten Absichten fehlt nämlich oftmals die praktische Voraussetzung. Wo sind denn die christlichen Gruppen und Gemeinschaften, welche die Getrennten und Geschiedenen aufnehmen? Gewiss, es gibt Selbsthilfegruppen auch auf dem Boden der Kirchen. Es gibt Diözesantage für Alleinerziehende. Aber es gibt zugleich ein Klima der versteckten Disqualifizierung.
Nicht wenige Alleinlebende berichten, dass sie sich im kirchengemeindlichen Leben nicht so recht daheim fühlen. Das ist die fatale Folge eines unbiblischen Familialismus, der aus Angst um die intakte christliche Familie sowie um den christlichen Nachwuchs das Gemeindeleben beinahe ausschließlich auf die Familie zuspitzt. Die Kirche baue sich aus Familien auf, so sagt man. Die Familien sind die Garanten der Glaubens-

weitergabe. Die Kirche realisiert sich in der Hauskirche der Familie. Alle diese Aussagen sind wohlgemeint, in sich richtig, und haben doch die bittere Nebenwirkung, dass jene, die nicht in der heilen und geheiligten intakten Familie leben, in Gefahr sind, Mitglieder zweiter Güte zu sein. Niemand wird das ausdrücklich sagen. Aber die Betroffenen fühlen sich oft so. Zu Recht?

Biblisch besehen sind christliche Gemeinden familienübergreifend (transfamilial). Wir gehören ihr an auf Grund der Taufe, nicht wegen des Lebensstandes. Dieser wird auch in den paulinischen Schriften – gewiss wegen der Annahme, dass das Ende der Weltzeit knapp bevorsteht – drastisch relativiert:

> Denn ich sage euch, Brüder:
> Die Zeit ist kurz.
> Daher soll, wer eine Frau hat,
> sich in Zukunft so verhalten,
> als habe er keine,
> wer weint, als weine er nicht,
> wer sich freut, als freue er sich nicht,
> wer kauft, als würde er nicht Eigentümer,
> wer sich die Welt zunutze macht,
> als nutze er sie nicht;
> denn die Gestalt dieser Welt vergeht.
> (1 Kor 7,29–31)

Wären auch heute in der Kirche Ehe und Familie in dieser Weise relativiert (was nicht abgewertet bedeutet, sondern bezogen), dann hätten es Eheleute wie in ihr Alleinlebende leichter. Im Raum einer verbindlichen Gemeinde könnte soviel an Stabilität und Liebe erlebt werden, dass selbst dann, wenn jemandes Ehe zerbricht, eine Wiederheirat zum Überleben in Frieden nicht unbedingt nötig ist.

Wären die kirchlichen Gemeinschaften von solcher Art, dann könnte auch leichteren Herzens an das Scheidungsverbot Jesu erinnert werden.

Liebe, Leben und Sterben sind im Umkreis vernetzter Religion gut aufgehoben

Der Ruf der christlichen Kirchen ist weit schlechter, als das, wofür sie stehen, es verdient. Den Nachdenklichen dämmert es auch längst. Selbst jene, die aus ihrer Kirche ausgetreten sind, fühlen darob nicht nur eitle Freude. Das Leben ist zwar kirchenfrei, aber nicht freier geworden. Es ist in gewisser Hinsicht auch nicht leichter geworden, vielleicht sogar kälter und einsamer. Das Eis unter den Füßen scheint dünner geworden zu sein. Manchmal kommt sogar Wehmut nach den ungestörten religiösen Kindertagen auf, genauer nach dem Segen der Religion. Der Trost, man könne gerade so gut auch allein religiös sein, beruhigt ebenfalls nicht ganz. Das Netz einer religiösen Gemeinschaft kann zwar einengen, aber es kann auch tragen und vor dem Fall ins Bodenlose bewahren.
Vom Segen vernetzter Religion wird jetzt die Rede sein. Als empirisch gesichert gilt, dass Liebe, Leben und Sterben im Umkreis zumal vernetzter Religion gut aufgehoben sind.

Liebe. – Personen, die sich an kirchliche Gemeinschaften binden, schätzen nachweislich Treue und Verlässlichkeit mehr als Ungebundene, seien sie religiös oder unreligiös. Sie geben einer lebenslangen Ehe eine größere Chance. Ihre Ehen halten auch im Durchschnitt länger. Man könnte meinen, dies liege am kirchlichen Scheidungsverbot und an einer immer noch vorhandenen Diskriminierung von Geschiedenen, die mit deren Wiederheirat noch zunimmt. Ein kleiner Teil der Stabilität von Liebesbeziehungen unter kirchengebundenen Religiösen erklärt sich gewiss über den Schutz durch eingemahnte Normen. Stärker hingegen wirkt die Kraft persongebundener Religiosität, die noch zunimmt, wenn sie kirchlich vernetzt gelebt wird.

Wie aber kommt es zu diesem Segen der Religion? Offenbar tragen religiöse Kräfte in der Person dazu bei, dass die Kluft zwischen dem Wunsch und seiner Realisierung kleiner und damit überbrückbar wird. Daran, dass die meisten Menschen Räume wünschen, die geprägt sind von Stabilität und Liebe, kann ja kein Zweifel sein. Ebenso haben wir schon aufgedeckt, dass viele Zeitgenossen ihre Liebe durch eine Überforderung zerstören, die im Grunde religiös ist: Sie entspringt der Not, jenen Himmel, der über uns verschlossen ist, auf Erden zu suchen. Die Liebe erweist sich dafür als ein bevorzugter Ort. Gewiss, Lieder sagen, die Ehe sei der Himmel auf Erden. Doch liegen im alltäglichen Lieben Himmel und Hölle nahe beieinander, und wenn es etwas gibt, was an den Himmel erinnert, dann sind es jene Momente, die man auch die Feste der Liebe nennen kann, die Mann und Frau einander zugewandt begehen. Aber eben diese Momente sind erstens selten (»Nur dreimal im Leben wackelt die Erde«, so die weise Alte in Hemingways Roman »Wem die Stunde schlägt«), und zweitens sind sie wie »Hütten«, die wir nur kurze Zeit bewohnen. Es ist die Erinnerung an sie, die uns nach weiteren solchen vergänglichen Festen hoffen macht. Aber aufs Ganze gesehen ist die Liebe nicht der Himmel auf Erden, sondern im besten Fall eine Spur von ihm, Spuren eingestreuten Himmels, welche die Sehnsucht nach dem Himmel in uns wachhalten, ohne selbst der Himmel sein zu können (Henri Lefebvre [1972]).

Die Stärke der Religion wäre es, dass sie der Sehnsucht nach dem schlechthin sinnvollen Leben, einem Leben im unzerstückelten Glück, also im Schalom, eine verlässliche Ausrichtung geben kann. Indem sie, so die Sprache der Religion, die Sehnsucht nach dem Himmel an Gott bindet, macht sie uns frei, den Menschen neben uns als konkreten, begrenzten Menschen lieben zu lernen. Es mag enttäuschend sein, dass die Ehe nicht der Himmel auf Erden ist. Aber erst dann, wenn diese Ent-Täuschung die zerstörerische Täuschung weggenommen hat, erhalten Spuren des Himmels eine Chance. Die Liebe ist deshalb im Umkreis der Religion gut aufgehoben, weil sie die insgeheime religiöse Überforderung von ihr nimmt.

Wäre das nicht ein Aspekt der Rede der Kirche vom Sakrament, dass die Liebe zwischen Menschen eine verweisende Spur ist, wie die Sterne am nächtlichen Himmel, die den Zugvögeln verlässlich den Weg in den Süden zeigen?

Noch einmal anders: Die Stärke der Religion liegt in einer religiösen Desillusionierung. Die Ehe wird relativiert, damit weniger wichtig und so vielleicht eher lebbar. Solch einer religiösen Befreiung menschlicher Liebe steht freilich ein aus Angst um die Familie geborener kirchlicher Familialismus entgegen. Er erzeugt zwar eine sehr hohe Bewertung von Ehe und Familie (an der es aus der Sicht des Wünschens gar nicht fehlt), zugleich aber mindert er die Chancen, dass das (zu) hoch Bewertete auch realisiert wird. Zudem: Wie ergeht es jenen, die keinen Partner gefunden haben, die das Alleinleben nicht gewählt, aber auch jenen, die sich in Freiheit zum Alleinleben entschieden haben, wie geht es zudem den Geschiedenen und jenen, die dann wiederheiraten im Alltag einer Kirchengemeinde, in der man nur dann Christ erster Güte ist, wenn die Familie harmonisch erscheint, die Frau eine gute Ehefrau und Mutter ist und zudem mehr als zwei Kinder da sind? Wo die Kirche aus Angst um die Familie die Ehe überbewertet, macht sie es nicht nur den Eheleuten ungewollt schwer, sondern auch jenen, die nicht in einer Ehe leben.

Leben. – Im Umkreis der Religion ist das Leben gut aufgehoben. Die Analysen über die Moralitäten der Menschen in Europa haben aufgedeckt, dass tote Güter einen eindeutigeren moralischen Schutz genießen als verletzliches Leben in seinen vielfältigen Formen: das Leben der Ungeborenen, der Sterbenden, das Zusammenleben der Liebenden. Dabei ist schon mitbedacht, dass moralische Entscheidungen gegenüber toten Gütern einfacher sind als in Fragen des Lebens, bei denen es zumeist um eine oft ausweglose Konkurrenz von Lebenschancen zwischen Menschen geht.
Im Umkreis der religiös Vernetzten ist das Leben gut aufgehoben, besser als bei denen, die privat religiös, oder den anderen, die unreligiös sind. Und wiederum liegt diese Wertschätzung des Lebendigen in seinen vielfältigen Formen nicht an der Bereitschaft (allein), sich der Autorität Gottes und von der Kirche geschützten Normen zu unterwerfen. Der Grund muss tiefer liegen. Religiös Vernetzte (und so Kirchengebundene) besitzen offenbar eine höhere Empfindsamkeit für das Lebendige und sind für den Fall, dass ihre eigenen Lebenschancen mit denen anderer kollidieren, eher bereit, auch knapp gewordene Lebenschancen zu teilen: mit einem noch ungeborenen Kind, mit einem Lebenspartner, mit einem sterbenden Menschen. So haben vernetzt Religiöse zu 76 % eine stark ausgeprägte Lebensmoral; unter ihnen lehnen sehr viele Scheidung (31 %), Euthanasie (58 %) oder Abtreibung (55 %) ganz entschieden ab: »das darf man unter keinen Umständen tun«. Unter den Unreligiösen findet sich ein solch entschiedener Schutz des Lebens in seinen vielfältigen Formen seltener. Die Lebensmoral ist bei 33 % stark, die kompromisslose Ablehnung von Schei-

dung findet man bei 12 %, der Euthanasie bei 35 % und der Abtreibung bei 23 % (Paul M. Zulehner [1992]).
Die Schlüsselstelle ist offenbar die Befreiung der vernetzt Religiösen zu belastbarer Solidarität durch die entängstigende Kraft jener Religion, die sie herausführt aus entsolidarisierender Angst in den Umkreis solidaritätsstiftenden Vertrauens. Wem dieser Übergang eröffnet ist, der gewinnt offenkundig die Fähigkeit, mit bedrohtem Leben (dem Ungeborenen, dem Sterbenden etc.) schützend umzugehen.

Sterben. – Im Umkreis der Religion ist das Sterben gut aufgehoben. Die Sterbebilder der Menschen unterscheiden sich in unserer Kultur erheblich. Unterschiede gibt es in den Bereichen des bewussten Sterbens, der Schmerzfreiheit und des Ortes, an dem jemand zu sterben wünscht: »daheim« im Kreis derer, mit denen man gelebt hat, oder außerhäuslich.
Schmerzfrei zu sterben ist der Wunsch der überwiegenden Mehrheit der Menschen. In dieser Hinsicht denken alle Befragten ähnlich. Die palliative, schmerzbemäntelnde Aufgabe der Medizin ist herausgefordert. Die Unterschiede in den beiden anderen Aspekten des Sterbebildes sind jedoch groß. Auf der einen Seite stehen jene, die bewusstlos sterben wollen und denen es daher auch nicht wichtig ist, daheim zu sterben. Auf der anderen sind jene, die bewusst und daheim zu sterben wünschen. Die einen möchten, dass das Sterben nach dem Leben stattfindet, die anderen hingegen sehen das Sterben als wichtigen Teil des Lebens selbst.
Wofür jemand votiert, das ist für die Tiefe menschlichen Lebens nicht belanglos. Denn je mehr ein Mensch in der Lage ist, das Sterben in sein Leben zu integrieren, um so tiefer und reicher wird sein Leben. Die Ausblendung des Sterbens aus dem Erleben ist umgekehrt eine Verarmung des Lebens.

Hinsichtlich dieser zwei Varianten unterscheiden sich nun die (kirchlich vernetzten) Religiösen von den Unreligiösen erheblich. Auf die Spitze getrieben: Religiöse möchten das Sterben vollbringen, Unreligiöse hingegen neigen dazu, es zu verdrängen. Humanes Sterben ist also bei den religiös Vernetzten gut aufgehoben. Gemeinsam ist ihnen, dass sie schmerzfrei sterben möchten (85 %).
Die Unterschiede im einzelnen: 84 % der Religiösen macht der Gedanke an ein erfülltes Leben den Tod leichter (Unreligiöse: 53 %). 57 % möchten ihr Sterben bewusst erleben, weil es ein Teil ihres Leben ist (Unreligiöse: 25 %). Dem entspricht, dass 81 % im Kreis ihrer Angehörigen sterben möchten (Unreligiöse: 43 %).

> Unsre Tage zu zählen, lehre uns!
> Dann gewinnen wir ein weises Herz!
> (Ps 90, 12)

Liebe, Leben und Sterben sind im Umkreis vernetzter Religiosität gut aufgehoben. Vergleichsweise gut, meint dieser Satz. Und das gut wird zögerlich verwendet. Sind sie auch gut genug aufgehoben? Die Unterschiede zwischen den religiös Vernetzten und den Unreligiösen sind gestuft. Es gibt also auch Ausnahmen, Umkehrungen. Dann sterben die Unreligiösen humaner als die Religiösen, die Unreligiösen achten das Leben in seinen vielfältigen Variationen mehr als die Religiösen, verlässlich treue Liebe hat dann bei Unreligiösen eine größere Chance als bei Religiösen. Die Kraft selbst vernetzter Religiosität erweist sich in den konkreten Menschen oftmals als schwach.
Betroffene erkennen noch klarer, was sie längst schon ahnen und worunter sie auch leiden: ihr Unvermögen.

– Wird die Kirche mit jenen, die auf dem Weg zwischen dem Wunsch und seiner Realisierung nur ein kleines Wegstück vorankommen, künftighin solidarischer sein? Kann sie anerkennen, dass das gelungene Fragment hohe Würde besitzt und mehr wiegt als das, was zugleich missglückt ist? Biblisch gibt es für die Kirche ausreichende Ermutigung, eine solche pastorale Solidarität zu entwickeln:

> Das geknickte Rohr wird er nicht zerbrechen und den glimmenden Docht nicht auslöschen, bis er dem Recht zum Sieg verholfen hat. (Mt 12,20)

– Müsste dann nicht in den Kirchen die pastorale Regel gelten, dass sich um Gottes willen in ihren Gemeinschaften jede und jeder sehen lassen kann, vor aller Leistung und mit aller Schuld (vgl. Lk 15)?
– Auf diesem Hintergrund wäre es dann sogar möglich, die Menschen zu gewinnen, nicht bei ihrem bislang erreichten Fragment zu verweilen, sondern, so gut es aus der entängstigenden Nähe Gottes und mit der solidarischen Unterstützung der kirchlichen Gemeinschaften geht, weiterzuwachsen und so dem Wunsch (nach Recht und Gerechtigkeit im eigenen Leben, somit nach mehr Liebe) zum Sieg zu verhelfen (vgl. Mt 12,20).

Überleben in Solidarität

Neben der Freiheit zählt die Solidarität zu den großen Themen der neuzeitlichen Geschichte Europas. Die großen sozialen Bewegungen des neunzehnten Jahrhunderts haben sich ihr verschrieben, die marxistisch-sozialistische ebenso wie die

christlich-soziale. Immer klarer ist uns heute, dass nur eine Verbindung zwischen Freiheit und Solidarität auch die Freiheit sichert. Denn ohne belastbare Solidarität ließen sich schon in der Vergangenheit und werden sich auch in Zukunft die großen sozialen Herausforderungen nicht in Frieden und Freiheit meistern lassen. Der Weg in eine gerechte, friedliche und freie Zukunft führt nur auf dem Weg einer belastbaren Solidarität.
Solidarität ist eine Tauglichkeit des Menschen, eine Fähigkeit, eine Kompetenz und so gesehen eine Tugend. Sie macht einen Menschen fähig, sich starkzumachen für eine gerechtere Verteilung der Lebenschancen zwischen Erdteilen, Völkern, Gruppen und Personen. Zu den unverzichtbaren Lebenschancen zählen vorab eine bewohnbare Mitwelt (trinkbares Wasser, atembare Luft: Werden wir nicht darum in Zukunft Kriege führen?), dann aber wie bisher auch schon Wohnen und Nahrung, der Zugang zu Bildung und Arbeit, das Recht auf Familiengründung und freie Kindererziehung, die Chance, mit Glaubensgenossen seinen Glauben gemeinsam und öffentlich zu bekennen.
Wer zweifelt daran, dass heute eben diese Lebenschancen in der einsgewordenen Menschheit in himmelschreiender Weise ungerecht verteilt sind? Um nur die Themen anzureißen: Wie steht es um die Verteilung der Lebenschancen zwischen dem armen Südteil der Erde und dem reichen Norden? Zwischen Ost und West? Große Wanderbewegungen werden stattfinden, und zwar weniger wegen politischer, rassistischer oder religiöser Verfolgung; die Armutsflüchtlinge werden in der Überzahl sein. So schrieben die beiden hochrangigen Wissenschaftler King und Schneider in ihrem Bericht zur Lage der Menschheit an den Club of Rome: Es »ist klar, dass keine Maßnahmen die Einwanderungsbewegung wirkungsvoll stoppen werden. Dies könnte zu einer deutlichen Verschärfung des defensiven Ras-

sismus in den Zielländern führen und bei allgemeinen Wahlen rechtsgerichteten Diktatoren zur Macht verhelfen. Dazu darf es nicht kommen. Deshalb kommt es nicht nur darauf an, die Entwicklungshilfe für die armen Länder zu erhöhen; ebenso wichtig ist es, die Bevölkerung der reichen Länder darauf vorzubereiten, diese Tatsache zu akzeptieren.« (Alexander King [1991])

Zu den großen Ungerechtigkeiten zählt die Verteilung der Lebenschancen zwischen Frauen und Männern. Der Kampf um eine Neuverteilung dieser Lebenschancen (manche reden hier von Geschlechterdemokratie) wird zur zentralen sozialen Frage des nächsten Jahrhunderts werden. Ungerecht verteilt sind die Lebenschancen zwischen den Arbeitsplatzbesitzenden und den Arbeitsplatzlosen, zwischen den Erwerbstätigen einerseits und den ungeborenen wie geborenen Kindern sowie den Alten, Kranken und Sterbenden andererseits. Wird es uns gelingen, der Regel eine Chance zu geben, dass so, wie die Eltern die Kinder zur Welt brachten, die Kinder die Eltern aus der Welt begleiten können, und das nach Möglichkeit dort, wo wir daheim waren, im Kreis geliebter Menschen? Ungerecht verteilt sind die Lebenschancen zwischen uns Heutigen und den nächsten Generationen, von denen wir die Erde nur geliehen haben. Wie sähen unsere demokratischen Entscheidungen aus, wenn die nächsten Generationen in unseren Parlamenten Sitz und Stimme hätten?

Kurzum: All diese und noch weitere ungenannte Herausforderungen (challenges) werden wir in Frieden und Freiheit nur meistern, wenn es in den Bevölkerungen ein hohes Maß an belastbarer Solidarität gibt.

Die Menschen wissen um diesen Solidaritätsbedarf. In einer österreichischen Studie sagen 80 % der Befragten, das Wich-

tigste, was Kinder lernen müssen, ist Teilen können. Das Teilen erreicht damit einen Wert, den in früheren Zeiten der Gehorsam erreicht hat. Gehorsam halten vergleichsweise in derselben Studie lediglich 48 % für ein wichtiges Erziehungsziel. Vor die Wahl gestellt, was denn für das Zusammenleben der Menschen grundsätzlich wichtiger sei, teilen oder gehorchen zu können, haben sich 90 % für das Teilenkönnen entschieden.
Dazu kommt, dass es in den modernen Sozialstaaten ein enormes Maß an organisierter Solidarität gibt: im Bereich der Bildung, der medizinischen Versorgung, der Arbeit.
Dennoch fehlt es, so der empirische Befund, in dramatischer Weise an personbezogener belastbarer Solidarität. Unsere modernen Freiheitskulturen prägt ein hohes Maß an »Individualisierung« und »Privatisierung«. Auch Glück wie Unglück sind heute privatisiert. Folgende Sätze finden eine beachtliche Zustimmung:
In entscheidenden Situationen ist es besser, zuerst einmal an sich selber zu denken (52 %). Wichtig ist, dass der Mensch glücklich ist: Wie, das ist seine Sache (68 %). »Das Boot ist voll.« Unser Land sollte seine Grenzen für weitere Flüchtlinge sperren (52 %). Jeder muss seine Probleme lösen (81 %) (Quelle: Österreich 1992).
90 % der Menschen erweisen sich somit als von dieser Privatisierung von Glück und Unglück mehr oder weniger erfasst. Sie sind mit einem hohen Maß an Selbstverwiesenheit ausgestattet. Die Fähigkeit zu belastbarer Solidarität ist also eher gering entwickelt. Eben jene belastbare Solidarität, die heute dringlich gebraucht wird, und welche die Menschen auch für notwendig erachten, fehlt uns.

Die Folgen zeichnen sich bereits ab. In dem Maße, in dem neue soziale Probleme auftauchen, fangen jene Bevölkerungsgruppen, aber auch jene Nationen, bei denen sich ein überdurchschnittliches Maß an Lebenschancen gesammelt hat, an, ihren Wohlstand zu sichern, statt neu zu verteilen. So werden heute gegen Armutsflüchtlinge die Grenzen gesperrt und militärisch gesichert. Ausländergesetze werden verabschiedet, die im Grunde nicht mehr sind als Instrumente zur Mehrung der Beweglichkeit auf dem Arbeitsmarkt: Wir lassen so viele Ausländer ins Land, wie wir brauchen, und nehmen von ihnen auch nur das, was wir brauchen, ihre Arbeitskraft (und sehen nicht ihre Person, ihre Familie und ihre gewachsene Lebenskultur). Besitzstandswahrung hat im politischen Alltag einen hohen Stellenwert erreicht.

In Demokratien schafft das für die politischen Parteien eine paradoxe Lage. An sich sind sie – so das Wesen der Politik – verantwortlich, auf Zukunft hin Gemeinwohl zu sichern und zu schaffen. Dazu benötigen aber demokratische Parteien die Zustimmung einer demokratischen Mehrheit. Viele Anzeichen weisen nun darauf hin, dass es für eine solidarische Politik kaum noch Mehrheiten gibt. Die Parteien geraten damit vor die Alternative, eine solidarische Politik zu machen oder an der Macht zu bleiben. Aus durchaus verständlichen, aber insgesamt kurzsichtigen Gründen entscheiden sich heute selbst alte Solidarparteien (wie die Sozialisten) aus Angst vor dem Verlust ihrer parlamentarischen Mehrheit für eine unsolidarische Politik. Statt durch politische Verantwortung Zukunft offenzuhalten, bedrohen sie den Weg in eine friedliche und freiheitliche, weil gerechtere Zukunft.

Wem an Gerechtigkeit, Frieden und Freiheit liegt, der wird folglich fragen, wie in unseren modernen Gesellschaften Solidarität nicht noch weiter verbraucht, sondern wieder gemehrt werden kann. Wohlmeinende Politiker und Kirchenleute versuchen es mit dem moralischen Appell. Doch nützt dieser wirklich?

Könnte es nicht sein, dass der Appell sogar das Gegenteil von dem bewirkt, was er anstrebt? Dabei ist mitzudenken, dass solches Unvermögen sich auch im einzelnen Menschen reibt mit dem klaren Wissen darum, dass wir solidarisch sein müssten, soll unser Zusammenleben in Frieden und Freiheit gelingen.
Wir stoßen hier auf eine weitere Variation der tragischen Lage, wie sie Paulus beschrieben hat: Das, was wir für wichtig halten und im Grunde auch wünschen, tun wir nicht. Eben gegen solches Leiden am Unvermögen hilft kein Appell. Dieser hebt die Lage lediglich ins Bewusstsein, behebt sie aber nicht. Der Appell ist wie ein Spiegel, der mich erkennen lässt, wie es um mich steht. Kein Spiegel verändert jedoch den Menschen. Wie kann dann jene Solidarität gewonnen werden, ohne die es keine Zukunft in Gerechtigkeit und damit Frieden und Freiheit gibt?

Die Forschung konnte ansatzhaft aufdecken, welche kulturellen Kräfte desolidarisieren und welche solidarisieren. Solidarität blüht somit in einem bestimmten Klima auf, während sie in einem anderen Klima verkümmert.
Drei Kräfte unserer Kultur desolidarisieren: eine verbreitete angestrengte Diesseitigkeit, ein starkes Streben nach materieller und sozialer Belohnung sowie ein Hang zum Autoritarismus. Zu den wenigen entdeckten solidarisierenden Kräften hingegen zählen eine bestimmte Art personbezogener Religiosität sowie religiöse Vernetzung. Solche ist daran erkennbar, dass Menschen sich einer religiösen Gemeinschaft zugehörig fühlen, vorab an ihrem sonntäglichen Gottesdienst regelmäßig teilnehmen und sich an ihren Aktivitäten beteiligen.

Diesseitigkeit desolidarisiert. – Lange Zeit hatte man dem Christentum vorgeworfen, die Menschen auf das Jenseits zu vertrösten. Diese Zeiten sind vorbei. Was heute weit verbreitet ist, ist eine hohe Aufmerksamkeit der Menschen für das Diesseits. Der Sinn des Lebens besteht darin zu versuchen, das Beste dabei herauszuholen: 75,6 % der Europäer orientieren sich an diesem Sinnsatz.

Diese Sinnposition scheint auf den ersten Blick sehr vernünftig zu sein. Doch trägt sie in sich eine verborgene Dynamik, die das Leben anstrengend machen kann. Ist doch hinzuzudenken, dass der Glücksanspruch der meisten Menschen auf ihr Leben sehr hoch, ja nahezu maßlos ist. Die Optimierung leidfreien Glücks wird erstrebt. Dazu stehen den Menschen jene Jahre zur Verfügung, die sie mit ihrer Seele besiedeln können. Das sind für die meisten siebzig bis neunzig Jahre. Über den Tod hinaus reicht die Seele nur bei etwa einem Drittel der Menschen: 37,3 % der Menschen in Europa glauben an ein Leben nach dem Tod, 30,7 % an die Auferstehung im christlichen Sinn. Daraus kann nicht gefolgert werden, dass für die anderen mit dem Tod alles aus ist. Doch ins Kalkül ihres Lebens wird ein Leben danach nicht einbezogen. Der Anspruch bildet sich leicht aus, dass das maßlose Glück jetzt stattfinden muss. »Wir wollen alles, und zwar subito«, so ein flapsiger Spruch der zeitgenössischen Jugendkultur.

Auf diese Weise kann das Leben anstrengend werden. In maßvoller Zeit gilt es, maßlose Glückwünsche zu realisieren. Das Leben wird so hastig wie noch nie. Viele versuchen – vergeblich – den verschlossenen Glückshimmel auf Erden zu finden, genauer erzwingend zu erleben. Viele Bereiche stehen uns dazu nicht zur Verfügung: die Liebe, die Arbeit, das Amüsement. Eben in diesen Bereichen ist heute das Leben hastig und angestrengt geworden.

Wir haben bereits meditiert, wie vergeblich dieser Versuch ist, den Himmel auf Erden herbeizuzwingen. Für unsere Frage nach dem Solidaritätsvermögen ist aber wichtig, dass solch angestrengte Diesseitigkeit auch die Solidarität arg behindert. Wer unter dem Zwang nach dem großen »Glück jetzt« steht, kann im Grunde nicht mehr anders, als Glück für sich zu maximieren. Sein Glück gewinnt Vorrang vor dem Glück anderer, besonders wenn Glückschancen knapp sind. Diesseitigkeit desolidarisiert: und das aus vernünftigen Gründen. Wer soll auch auf Glückschancen verzichten, wenn er meint, nur in dieser Lebenszeit Glück finden zu können. Wer ist bereit, mit Fragmenten des Glücks das Auslangen zu finden und zu–Frieden zu sein, wenn er aus der Angst lebt, zu kurz zu kommen?

Wenn aber verkündigt wird, dass Christus von den Toten auferweckt worden ist, wie können dann einige von euch sagen: Eine Auferstehung der Toten gibt es nicht?
Wenn es keine Auferstehung der Toten gibt, ist auch Christus nicht auferweckt worden.
Ist aber Christus nicht auferweckt worden, dann ist unsere Verkündigung leer und euer Glaube sinnlos.
Wir werden dann auch als falsche Zeugen Gottes entlarvt, weil wir im Widerspruch zu Gott das Zeugnis abgelegt haben: Er hat Christus auferweckt. Er hat ihn eben nicht auferweckt, wenn Tote nicht auferweckt werden.
Denn wenn Tote nicht auferweckt werden, ist auch Christus nicht auferweckt worden.
Wenn aber Christus nicht auferweckt worden ist, dann ist euer Glaube nutzlos, und ihr seid immer noch in euren Sünden; und auch die in Christus Entschlafenen sind dann verloren.
Wenn wir unsere Hoffnung nur in diesem Leben auf Christus gesetzt haben, sind wir erbärmlicher daran als alle anderen Menschen.

Nun aber ist Christus von den Toten auferweckt worden als der Erste der Entschlafenen.
(1 Kor 15, 12–20)

Die Hoffnung auf die Auferweckung der Toten, der Glaube an die Durchbrechung der Schranke des Todes macht uns frei zu einem Leben gegen die reine Selbstbehauptung, deren Wahrheit der Tod ist. Diese Hoffnung stiftet uns dazu an, für andere da zu sein, das Leben anderer durch solidarisches und stellvertretendes Leiden zu verwandeln. Darin machen wir unsere Hoffnung anschaulich und lebendig, darin erfahren wir uns und teilen uns mit als österliche Menschen.
»Wir wissen, dass wir vom Tod zum Leben hinübergeschritten sind, weil wir die Brüder lieben; wer nicht liebt, der bleibt im Tode« (1 Joh 3,14).
(Gemeinsame Synode [1975])

Belohnungsstreben desolidarisiert. – Ein zweites Merkmal unserer Kultur, das Solidarität mindert, ist ein schillerndes Streben nach materieller und sozialer Belohnung. Damit ist nicht die öde Konsumismusschelte mancher rechter und linker Prediger gemeint, deren Predigt vor allem deshalb unglaubwürdig ist, weil ihr Arbeitsplatz sicher und ihr Einkommen satt ist. Worum es geht, kann leicht an der Frage festgemacht werden, wie es denn erklärt werden kann, dass in den Supermärkten keineswegs die Armen stehlen, sondern eher Leute, die es sich durchaus leisten könnten, die Waren zu kaufen.
Offenbar stehen die Waren als Symbol für ein anderes Gut, das der Seele der Stehlenden offenbar fehlt. Ist es Liebe, die in den Waren symbolisch gestohlen wird? Und ist es hinter der entbehrten Liebe der tiefe Zweifel über die eigene Liebenswürdigkeit?

Entspringt also auch das Belohnungsstreben einer Angst der Seele um sich selbst, jetzt nicht der Angst, zu kurz zu kommen in knapper Zeit, sondern zu kurz zu kommen in der Liebe? Im Umkreis solcher Angst hat es die Solidarität schwer.

Autoritarismus desolidarisiert. – Auch Autoritarismus ist angstbesetzt. Das autoritäre Ich ist schwach, lebt in ängstlicher Enge, kreist um sich selbst. Autoritär-Ichschwache orientieren sich schutzbedürftig »nach oben« und stehen so in Gefahr, den Menschen neben sich zu übersehen.

Die Verbindung von Ichschwäche und Solidaritätsmangel ist einsichtig. Solidarität ist Selbstlosigkeit. Das Selbst wird losgelassen auf andere hin: lebt für jemanden oder für etwas und findet so nachweislich Sinn (Viktor Frankl [1978]). Wie kann aber jemand sein Selbst loswerden, wenn er keines besitzt? Selbstlosigkeit setzt Selbstgewinn, Ichstärke, Identität voraus. Sonst regiert die Angst, in der Selbstlosigkeit unterzugehen.
Es ist also Angst in drei Gesichtern, die desolidarisiert: die Angst, in knapper Lebenszeit zu kurz zu kommen; die Angst, nicht liebenswürdig genug zu sein, was zu ersatzhaftem Streben nach Gütern und Karriere führt; die Angst, in solidarischen Beziehungen wegen der Schwäche des schutzbedürftigen Ichs unterzugehen.

Wie kommt es dann, dass zumal »vernetzte« Religion solidarisiert? – Nicht jegliche Art von Religion ist hier gemeint. Wohl aber jene, deren Segen Entängstigung ist. Besteht der Zugewinn der Religion nicht eben darin, dass wir aus dem Bannkreis entsolidarisierender Angst übergehen in den Umkreis jener Liebe, in deren Umkreis belastbare Solidarität eine Chance hat? Die Religiosität einer Person wirkt um so eher solidarisierend, je mehr diese Religiosität mit anderen zusammen gelebt wird: in einer religiösen Gemeinschaft und dort insbesondere im Gottesdienst.

Zur Erinnerung: Religion, wie sie hier gemeint ist, hat viel zu tun mit einer Alltagsmystik, die jedem Menschen zuteil werden kann. Mystik meint hier die Fähigkeit – oder sollte man an dieser Stelle dem alten Wort Gnade trauen? – , im Ge-Heim-nis da-Heim zu sein. Gemeint ist hier das Geheimnis, das wir in menschheitsalter Tradition Gott nennen, ohne je zu verstehen, was wir damit aussprechen. Aber der Sinn der Geheimnisse ist es längst nicht, sie zu verstehen, sondern sie zu bewohnen. Mystiker sind so Geheimnisbewohner. Sie haben inmitten einer unheimlichen Welt für ihre Seele eine schützende Heimat gefunden. Bis in die Nacht des Todes hinein spüren sie ein Dach über ihrer Seele.

Diese Erfahrung entängstigt. Und solidarisiert. Die Angst um sich selbst kann hier kleiner werden, belastbare Solidarität größer.

Den christlichen Kirchen wird Erinnerung an ihre alte Stärke zuteil. Diese liegt nicht in der Moral, sondern in der Mystik, näherhin in der Mystagogie. Ihre Stärke war es seit altersher, die Menschen einzuführen in jenes Geheimnis, das unser Leben im Grund immer schon ist (Karl Rahner [1966]): Die Geschichte eines unbeirrbar treuen (Dtn 32,4) Gottes mit uns, unsere Geschichte mit ihm. In ihm leben wir, bewegen wir uns und sind wir, so ein frühchristliches Glaubenszeugnis (Apg 17,28).

Solche Mystik kann sich in privater Einsamkeit entwickeln. Nachweislich hat sie aber heute um so mehr Chancen, je mehr Menschen auf ihrem Weg der Mystik miteinander vernetzt sind. Vernetzte Religion solidarisiert mehr als solistisch gelebte.

Bestätigt wird hier auch die Ahnung zunehmend vieler, dass wahre Mystik dieser Art eine höchst politische Kraft besitzt: Mystik formt solidarische Menschen – und ohne sie gibt es keine Hoffnungspolitik. Je mystischer jemand ist, desto solidarischer ist er, ist sie.

Der Einwand liegt nahe: Gibt es nicht viele Fromme, die heilsegoistisch-unsolidarisch sind? Niemand kann sagen, wie es um diese Menschen bestellt wäre, wenn sie nicht einmal religiös wären. Doch zeigen die Analysen von Forschungsdaten, dass die aufgestöberten (de)solidarisierenden Kräfte in einem Menschen nie in Reinkultur vorhanden sind. Jeder trägt in sich ein Gemisch von solidarisierenden, aber auch desolidarisierenden Kräften. Tatsache ist, dass in vielen Religiösen auch der Autoritarismus stark ist und zudem ein religiös gefärbtes Belohnungsstreben anzutreffen ist. Religion setzt nur im Umkreis der Freiheit ihre solidarisierende Kraft frei. Um der schönsten Frucht des Evangeliums, nämlich der umfassenden Liebeskraft zu allem, was ist (zu allem, was lebt, und darin zu Gott), sind die Kirchen aufgefordert, so gut sie können, Autoritarismus zu mindern und zur Freiheit zu ermutigen.

Was uns heute fehlt, wird uns morgen wichtig werden

Was uns heute fehlt, wird uns morgen wichtig werden. Für diese kühne Annahme gibt es eine Reihe von Beispielen. Schon zuvor konnte darauf hingewiesen werden, dass uns heute die Entlastung durch Institutionen fehlt. Also werden wir morgen ein neues Interesse an Institutionen entwickeln, die freilich jene Änderungen nachholen werden, die sich in den Menschen in den letzten Jahrzehnten ereignet haben: Institutionen werden zu Anwälten freier und verantworteter Selbstentwicklung werden und aufhören, auf Fremdsteuerung zu setzen.

Uns Heutigen fehlt es oftmals an guter Autorität. Europaweit nehmen sehr viele Menschen an, dass es morgen wieder mehr Achtung vor der Autorität geben werde. Freilich gilt auch hier wieder: Im Wachsen ist der Wunsch nach Autorität, die ihre Kraft nicht gegen die Entwicklung des Menschen einsetzt, sondern deren Nähe gerade deshalb aufgesucht wird, weil sie das ermöglicht, wofür ihr Name steht: »augere«, vermehren von Lebenschancen. Wer wünscht sich nicht in seinem Umkreis Menschen, die diese lebensmehrende Kraft in sich tragen? In diesem Sinn können wir im Übrigen alle füreinander Autorität sein.

Uns Heutigen fehlt es an der Fähigkeit zu lebenslanger verbindlicher Treue. Die Kraft, jene Krisen durchzuarbeiten, die in jeder Paargeschichte auftauchen und die, wenn sie nicht zum Wachstum genützt werden, auseinandertreiben, ist oftmals gering. Aber gerade weil uns die Fähigkeit zu solcher krisenfester Treue in guten und in bösen Tagen fehlt, ist der Wunsch danach enorm groß. Treue und Verlässlichkeit gehören in allen Studien zu den Spitzeneigenschaften, die ein Lebenspartner unbedingt haben muss. In diesem Fall ist uns schon wichtig, was uns fehlt.

Es fehlt uns weithin immer noch ein behutsamer Umgang – mit der Natur, mit Beziehungen, mit ungeborenen und sterbenden Menschen. Auch hier spüren wir, dass eine Wende kommen wird. Ein durchgängig ökologisches Fingerspitzengefühl hat schon angefangen, sich auszubreiten.

Wir spüren, dass wir mit dem Lebendigen nicht verfahren können wie mit toten Maschinen. Längst ahnen die Liebenden, dass

ein fahrlässiger Umgang mit der nur begrenzt belastbaren Treue des Partners – auch wenn es sich nur um vermeintliche Kavaliershandlungen wie einen raschen Seitensprung handelt – auf lange Sicht die Beziehung ebenso zerstört, wie die schleichende Umweltbelastung eben auch die Wälder zum Sterben verurteilt und uns mit ihnen. Eine neue Beziehungsökologie kündigt sich an, bei den Erfahrenen ebenso wie bei den Jungen.
Auch werden wir uns morgen wieder zurückhaltender gegen die Lebenschancen der Ungeborenen, aber auch der Sterbenden entscheiden, weil wir ahnen, dass wir mehr gewinnen als verlieren, wenn wir behutsamer mit dem Leben umgehen.

Die Formel »Was uns heute fehlt, wird uns morgen wichtig werden« gilt mit Sicherheit auch für die Religion. Wenn heute der Zugang zur Religion abhanden gekommen ist, dann erzeugt das eine neuartige Entbehrung. Eine Art Gottesfasten ist im Gang, aus dem heraus sich nach oft zu langer Gottesübersättigung ein neuer Gotteshunger entwickelt.
Vorboten einer solchen Entwicklung sind in Sicht. So haben sich in den ehedem kommunistischen Ländern breite Kreise der Intelligenz und Jugend, die durch das Jammertal eines verordneten Atheismus getrieben worden waren, neu der totgeglaubten Religion zugewendet. Gerade sie waren es, die in einer historisch einmaligen Allianz mit den unterdrückten Christen zum Zusammenbruch des Kommunismus beigetragen haben. Fangen nicht auch bei uns am Ende einer nun schon langen Zeit der Vertröstung auf das Diesseits gerade die Wachen wieder an, wie Wühlmäuse Ausgänge aus ihren dunklen Gängen zu suchen? Die Neugier, Grenzen zu überschreiten, nimmt zu. Manchmal nur mit hilflosen Mitteln, durch die Suche nach extremer Gefahr oder den Weg in die bunte und erlebnisdichte Welt der Droge.

Immer mehr Menschen weigern sich jedoch, mit der Kälte bejubelter Rationalität das Auslangen zu finden. Natürlich übersehen wir nicht, dass sich dann manche kurzschlüssig allzu bereitwillig in die Sackgasse blinder Irrationalität begeben. Aber es gibt auch die Suche nach einer neuen Ganzheitlichkeit, nach den alten Erzählungen und den heilenden Riten. Oft geschieht solches Suchen nicht in den alten Kirchen, weil diese selbst meinten, auf ihre Modernitätskrise durch platte Modernisierung antworten zu müssen, wodurch aber oft nur auf dem Boden der Kirchen verdoppelt wurde, was an schalen Vertröstungen in der Gesellschaft immer weniger als erstrebenswert angesehen wird. Alle solchen Überlegungen lassen uns vermuten, dass wir uns zwar von einer bestimmten Gestalt des Religiösen ablösen, zugleich aber frei werden, auf ein mystisches Zeitalter zuzugehen.

Solch ein Optimismus mag angesichts der vielfältigen Leidensgeschichten unangebracht, ja naiv erscheinen. Aber ist das Misstrauen, das den notorischen Kulturpessimisten in Gesellschaft und Kirche eigen ist, der Entwicklung nicht noch mehr unangemessen?
Mein Optimismus gründet jedenfalls darin, dass der Urwunsch des Menschen nach einem Leben im Schalom unausrottbar ist. Die Zeitgenossen werden sich nicht mit ihrer psychischen Obdachlosigkeit abfinden, die vom Verlust des Zugangs zu den Wohltaten der Religion mitverursacht wird.
Die Gründe für den Optimismus sind also zu einem Gutteil empirisch. Er hat aber auch eine gläubige Tiefe:

> »Denn zu einem Leben im Frieden hat Gott euch berufen.«
> (1 Kor 7,15c)

Ich traue es Gott zu, dass er uns in seiner Vorsehung auf einem Weg behält, der zu einem solchen Leben in Frieden führt, und wenn wir aus Schuld und Tragik von ihm abgekommen sind, wird er uns gewaltlos auf ihn zurückführen.

Das Gottesgerücht

Kirchenvision

Von Helmut Qualtinger gibt es aus den Sechzigerjahren ein Chanson, das einen Jugendlichen beschreibt, der ziellos auf einem Moped durch die Gegend fährt. Dabei äußert er: »I weiß zwar net, wo i' hinfahr, aber dafür bin i g'schwinder (früher) dort.« Sinnbild eines Lebens, das ziellos ist und keine Vision hat. Abbild auch mancher Kirchengemeinde?

Bei einem Gespräch mit dem Leiter eines europaweit bekannten Management-Instituts stellte ich die Frage, worauf es denn ankomme, dass ein Unternehmen lebendig sei und gut vorankomme. Die Antwort: dass das Unternehmen eine Vision hat. Denn die Vision gibt eine Richtung an, löst einen Vorwärtsdrang aus und zeigt zudem, in welche Richtung sich nicht zu gehen lohnt. Die verfügbaren und immer begrenzten Kräfte können zielsicher ins Spiel gebracht werden.

> »Der junge Samuel versah den Dienst des Herrn unter der Aufsicht Elis. In jenen Tagen waren Worte des Herrn selten; Visionen waren nicht häufig. Eines Tages geschah es: Eli schlief auf seinem Platz; seine Augen waren schwach geworden, und er konnte nicht mehr sehen.« (1 Sam 3,1f)

Im Anschluss an diesen Text wird die bekannte Berufungsgeschichte des jungen Samuel erzählt, der mehrmals seinen Namen hört und meint, Eli habe ihn gerufen, bis der blinde und alte Eli ihm, dem mit Worten des Herrn noch Unerfahrenen, sagen kann, dass der Herr ihn gerufen hat.

Visionen waren nicht häufig, damals nicht, aber auch heute fehlen sie uns. Ist dies der Grund, warum wir in unseren alten Kirchen nur so mühsam vorankommen? Dass es keinen Vorwärtsdrang gibt, sondern eher gemauert und ängstlich verteidigt wird? Ist nicht auch heute der alte Eli, der Amtsträger, blind? Oder woher kommt es, dass niemand etwas riskiert, niemand bereit ist, aus den Fehlern der Risikofreudigen zu lernen, und diese viel lieber totschweigt oder hinausdrängt?
Was wir heute für unsere Kirche und vorab für unser eigenes christliches Leben brauchen, ist eine Vision, eine Kirchenvision. Dieser Beitrag riskiert es, eine vorzustellen. Ihre Quelle ist alt. Die Vision entstammt den unverbrauchten Gründungsurkunden des Volkes Gottes.

Für die Kirchenvision, mit der ich hier bekannt machen möchte, habe ich auch ein mittelalterliches Bild gefunden. Es stammt aus der Zeit um das Jahr 1007 und ist dem Perikopenbuch des Kaisers Heinrich II. entnommen. Es zeigt alle drei Bausteine, die für unsere Kirchenvision unverzichtbar sind, die Mystik, die Geschwisterlichkeit und die Politik:
– Zentral ist in beiden zueinandergefügten Szenen die Gestalt Jesu, des Immanuel (Sach 8,23; Mt 1,23), in dem Gott selbst einer von uns geworden ist. Für die Kirche heißt dies, dass das Geheimnis Gottes selbst ihr Lebenszentrum ist, was sie zu einem gottverwurzelten und in diesem Sinn mystischen Volk macht. Kirche, die nicht mystisch ist, hört auf, Volk Gottes zu sein.
– Sobald aber die Kirche Gott, wie er in Jesus einer von uns geworden ist, in ihrer Mitte sein lässt, aus der heraus sie lebt, prägt dies ihr Leben und Handeln. Jesus versammelt Menschen um sich und fügt sie aus einer letzten Mitte heraus zusammen zu einer geschwisterlichen Gemeinschaft. Im Abendmahl es-

sen ihn seine Jünger realsymbolisch in sich hinein, und indem sie den Leib Christi sich einverleiben, werden sie selbst zum Leib Christi. In Gott hineinverwurzelt, werden wir ermächtigt, Kinder Gottes zu sein, seine Töchter und Söhne, was uns untereinander zu Brüdern und Schwestern macht.

– Kirche, die den in Jesus nahegekommenen Gott ihre Lebensmitte sein lässt, wird eine Kirche der Fußwaschung. Sie ist aufmerksam für jene, die in ihrem Leben »schlecht bei Fuß« sind. Sie beugt sich zumal vor denen, die Opfer einer ungerechten Verteilung der Lebenschancen werden. Politische Diakonie gehört daher von allem Anfang an zum Wesen der Kirche, die Gott in ihrer Mitte weiß.

Eine alte Verheißung

»So spricht der Herr der Heere:
In jenen Tagen
werden zehn Männer
aus Völkern aller Sprachen
einen Mann aus Juda
an seinem Gewand fassen,
ihn festhalten und sagen:
Wir wollen mit euch gehen;
denn wir haben gehört:
Gott ist mit euch!«
(Sach 8,23)

Dieser Text stammt vermutlich aus der frühexilischen Zeit, um das Jahr 520 vor Christi Geburt. Das von Gott erwählte Volk Israel ist zerrissen, auch das Restvolk Juda ist in einer hoffnungsarmen Situation. Es ist zerstreut. Für den frommen Israeliten war dies eine schwere Belastung seines Jahwe-Glaubens. Hat nicht Gott sein Volk, das er sich zu seinem besonderen Eigentum erwählt hat (Ex 19,5f), im Stich gelassen und damit dem Spott seiner Feinde ausgeliefert? In diese hoffnungsarme Situation hinein beruft Jahwe den Propheten Sacharja, um seinem Volk ein Hoffnungswort zu sagen. Und dies sind seine wichtigsten Nachrichten:

– Gott wird an seinem Volk handeln: Er wird mit ihm sein. Dann wird das Volk von seinen Feinden nicht mehr verspottet werden. Das Gegenteil wird eintreten. Das »dezimierte« Volk wird verzehnfacht: Zehn Männer aus allen Völkern werden je einen Mann aus Juda am Gewand fassen, ihn festhalten und sagen, wir wollen mit euch gehen. Die ganze Welt wird also hinter diesem Restvolk Juda her sein:

> »So spricht der Herr der Heere: Es wird noch geschehen, dass Völker herbeikommen und die Einwohner vieler Städte. Die Einwohner der einen Stadt werden zur andern gehen und sagen: Wir wollen gehen, um den Zorn des Herrn zu besänftigen und den Herrn der Heere zu suchen. – Auch ich will hingehen. – Viele Völker und mächtige Nationen werden kommen, um in Jerusalem den Herrn der Heere zu suchen und den Zorn des Herrn zu besänftigen.« (Sach 8,20-22)

– Geschehen wird dies »in jenen Tagen«: dann also, wenn Gott sich stark machen wird für sein Volk: wann er sich »einmischen«, hineinbegeben wird in die hoffnungsarme Geschichte seines Volks. Dies wird, so verstand der Israelit die Verheißung, in absehbarer Zukunft geschehen. Für die junge Kirche war klar, dass diese Verheißung sich auf Jesus und das von ihm wieder gesammelte Gottesvolk bezieht. So haben wir, aus der Sicht der jungen Kirche, eine messianische Verheißung vor uns.[4]

– Der Messias wurde aber sowohl im Alten wie im Neuen Testament stets in Verbindung mit dem messianischen Volk gesehen. Er, der am Kreuz umkam, den aber Gott nicht im Tod ließ, ist mit seinem Geist in seinem Volk gegenwärtig. Dies macht sein Volk zum messianischen Volk, zu jenem Volk, das sich zu Recht Volk Gottes nennt, weil Gott mit ihm ist. Deshalb gelten die alten messianischen Verheißungen auch für das messianische Volk. Was daher der Prophet Sacharja weissagt, bezieht sich nicht nur auf Jesus als den Mann aus Juda, sondern auf das von ihm wieder gesammelte »messianische Volk«, also die Kirche. So erinnert an die Verheißung des Propheten Sacharja (8,23) eine Stelle aus dem Brief des Apostels Paulus an die Christengemeinde in Korinth, wo es heißt:

> »Wenn aber alle prophetisch reden und ein Ungläubiger und Unkundiger kommt herein, dann wird ihm von allen ins Gewissen geredet, und er fühlt sich von allen ins Verhör genommen; was in seinem Herzen verborgen ist, wird aufgedeckt. Und so wird er sich niederwerfen, Gott anbeten und ausrufen: Wahrhaftig, Gott ist bei euch!« (1 Kor 14,24f)

– Zehn Männer aus den Völkern aller Sprachen werden nun (je) einen Mann aus Juda am Gewand fassen, festhalten und werden sagen: Wir wollen mit euch gehen. »Am Gewand fassen« ist der rechtssymbolische Ausdruck für den Eintritt in ein persönliches Schutzverhältnis; man wurde dadurch ein kultberechtigter Jude (vgl. Jes 4,1; 1 Sam 15,27).
– Und als Grund für diese Bewegung der Völker hin zum Gottesvolk wird ein »Gerücht« angegeben, eine Kunde[5], die durch das ganze Land läuft: das Gerücht, dass Gott mit diesem Volk unterwegs ist. Ich bezeichne fortab dieses Gerücht als das »Gottesgerücht«.[6]

Zwei Aussagen von großer Tragweite enthält dieser Text:
– Auf der einen Seite wird den Völkern unterstellt, dass sie hinter Gott her sind, wird ihnen also ein Gottbedarf unterstellt. Denn warum sollten sie sonst hinter einem Volk her sein, von dem es heißt, dass Gott mit ihm ist? Dabei ist es wichtig zu sehen, dass das Alte Testament zwischen Gott und Jahwe deutlich unterscheidet. Gott ist der Gott der Heiden, der »Religiösen«; es ist jener Gott, an den z.B. die Männer von Ninive glaubten.

Jahwe hingegen ist Gott, wie er sich seinem Volk geoffenbart hat, wie er mit ihm unterwegs ist.
– Andererseits wird das Volk Juda und mit ihm die Kirche beschrieben als ein Ort, an dem diese Gottessehnsucht der Völker sich festmachen kann und wo auch sie Gott als Jahwe kennenlernen können. Dies heißt aber: Die Völker sind nicht hinter der Kirche, sondern hinter Gott her, von dem das Gerücht geht, dass er mit diesem Volk ist.
Wir verweilen zunächst beim unterstellten Gottbedarf der Völker.

Geglaubte Gottessehnsucht

Es ist nicht schwer, aus der langen christlichen Glaubenstradition heraus zu belegen, dass die kürzeste Definition des Menschen lauten könnte: gottbedürftig. Katechismusartig[7] lässt sich dies durch folgende Sätze einfangen:
– Unser Gott ist in sich überreiche Liebe, unvorstellbarer Liebesreichtum, der »dreifaltig«-beziehungsreiche Gott.
– Gott ist ausufernde Liebe. Was wir nicht erklären können: Er hat »beschlossen«, sich liebend zu verschenken an jemand, der er selbst nicht ist. Und in dieser Liebesgebärde aus sich heraus (wie können wir dies denken?) schafft er uns, die Empfänger seiner Liebe, mit. Dies ist Schöpfung für uns Christen: Teil der unendlichen Liebesgebärde Gottes selbst, Ausdruck der Sehnsucht Gottes nach dem Menschen, Folge einer Ursympathie zu uns, unzerstörbares Urheil, das stärker ist als die ausweglose Tragik der Urschuld. So hat Gott die Welt und uns Menschen nicht nur »ex nihilo« (aus dem Nichts), sondern »ex amore« (aus Liebe) geschaffen:

»Du liebst alles, was ist,
und verabscheust nichts von allem,
was du gemacht hast;
denn hättest du etwas gehasst,
so hättest du es nicht geschaffen.
Wie könnte etwas ohne deinen Willen Bestand haben,
oder wie könnte etwas erhalten bleiben,
das nicht von dir ins Dasein gerufen wäre?
Du schonst alles,
weil es dein Eigentum ist.
Herr, du Freund des Lebens.«
(Weish 11,24–26)

– Gottes Absicht, sich uns mitzuteilen, formt uns, die Partner seiner Liebe, die »Hörer seines (liebenden) Wortes« (K. Rahner). Was nützte es, bildlich gesprochen, zu senden, wenn niemand empfangen kann? Was wäre Gottes liebende Selbstgabe, wenn wir für sie nicht empfänglich wären? Dies ist der tiefste Grund für den unausrottbaren Gottbedarf des Menschen: Weil da ein Gott ist, der Sehnsucht hat nach dem Menschen, sitzt in den Menschen eine unausrottbare Sehnsucht nach Gott. Und Gott ruht nicht, bis er nicht am Herzen des Menschen ruht, weshalb auch des Menschen Herz nicht zur Ruhe kommt, solange es nicht am Herzen Gottes ruht.

– In diesem Rahmen wird das zentrale Geheimnis unseres christlichen Glaubens verständlich, nämlich Menschwerdung und Auferstehung Jesu Christi. Jesus ist einer von uns. Ein Mensch. Mit ihm verbündet sich Gott in einer nicht auslotbaren Weise, die wir einfangen mit der Formel: Er ist Gottes Sohn. Wie immer wir es aber sagen, eines ist klar: In ihm hat Gott angefangen, mit seiner schöpferischen Sehnsucht ans Ziel zu gelangen. Gott ruht am Herzen eines Menschen.

– Weil Jesus einer von uns ist und wir in einer tiefen Solidarität mit ihm als Menschen verbunden sind (die Bibel nennt ihn daher den neuen Adam: Röm 5,12–21), hat Gott damit angefangen, auch bei uns ans Ziel zu kommen. Unsere Bestimmung, unser Schicksal wird an Jesus, dem Christus, anschaulich. Noch mehr: Er wird zum Weg für uns. Wer mit ihm (mystisch) eins wird, gelangt auf diesem Weg an das Ziel seiner wahren Sehnsucht. Eben dafür steht die Kirche: dies alles dadurch im Gedächtnis der Menschheit in Erinnerung zu halten und voranzubringen, dass wir darstellen, was Gott in Jesus angefangen hat, dass er mit uns ist, was uns zum Volk Gottes macht.

Gottbedarf heute

Aber, so fragen viele (zumal für die Weitergabe des Glaubens Verantwortliche), wo ist dieser Gottbedarf bei den Zeitgenossen, bei den jungen Menschen? Sind sie wirklich hinter Gott her? Ist also ihr Gottbedarf wirklich unausrottbar? Ist er nicht erstickt von einer Kultur, die den Menschen ganz anders definiert, nämlich als Bündel steuer- und berechenbarer Bedürfnisse?

Nun zeigen neuere Studien, dass mehr junge Menschen, als wir gemeinhin meinen, sich mit der Gottesfrage herumschlagen, dass aber gerade im Jugendalter der Gottesglaube an mehreren Stellen einbricht.[8] Es ist auch belegt, dass bei Personen, die in den Institutionen unserer Wirtschaft von einem ökonomistischen Bewusstsein geprägt werden, religiöses Bewusstsein schwer aufkommt, sondern vielmehr ausgeblendet wird.[9] Es ist auch unbestritten, dass in unserer Alltagskultur die Themen der Religion (wie auch andere menschliche Themen wie Alter, Tod, Leid) nicht ausdrücklich vorkommen, diese Kultur somit als »gottfrei«, »gott-los«, »a-theistisch« gelten kann. Insofern aber der Mensch zunächst das wird, was er im Umgang mit »signifikant Anderen« wird:[10] Wie kann da ein (wenn auch unausrottbarer) Gottbedarf aufkommen? Ist nicht anzunehmen, dass dieser zumindest verschüttet, ja »unter den Dornen erstickt« (Mt 13,7) werden kann? Wie steht es also um den von uns Christen geglaubten unausrottbaren Gottbedarf in einer gottverlassenen Kultur, welche uns und unsere nachwachsende Generation von Kinderbeinen an prägt?

Der namenlose Gottbedarf

Der Glaubende wird an dieser Stelle unbeirrbar weitersuchen. Er wird es nicht resigniert hinnehmen, dass Gott mit seiner Sehnsucht nach dem Menschen nicht durchkommen kann, der Mensch also von seiner letzten Bestimmung abkommt. Mag sein, so wird der unbeirrbar Glaubende sagen, dass die Gottessehnsucht des Menschen in unserer gottfreien Kultur nicht (unbehindert) an ihr angemessenes Ziel gelangt. Daraus folgt aber noch lange nicht, dass es sie nicht mehr gibt. Vielmehr ist zu vermuten, dass sie den Menschen nach wie vor bewegt, jeder Mensch also auf der Suche ist, und zwar nach dem Maßlosen, dem Fremden, dem ganz Anderen. Oder sollte dies alles trügerisch bleiben? Immerhin mehren sich heute in Fachkreisen einschlägige Fragen:

– Wie kommt es, dass der zeitgenössische französische Psychotherapeut Jacques Lacan[11] den Menschen definiert als »désir«, das maßlos ist, und weil dieses »désir« nahezu unmäßig maßlos ist, das Erlebnis eines »manque« hinterlässt, eines Mangels: weil die Sehnsucht stets größer ist als die Erfüllungen, die wir erleben?

– Wie kommt es, wie der atheistische Soziologe Henri Lefebvre[12] beschreibt, dass der Mensch in einzelnen Momenten (wie Spiel, gute Arbeit, Erkennen, Liebe) die Erfahrung von Fülle und Frieden macht, diese Feste aber »scheitern« oder vergehen? Dieses Scheitern macht die Momente nicht sinnlos, lassen sie uns doch den durchschnittlichen Alltag bestehen und uns ausstrecken nach neuen Momenten. Doch bleibt auch hier die Rechnung zwischen Sehnsucht und Erfüllung insgesamt offen.
– Könnte es also nicht sein, dass sich die von uns geglaubte Gottessehnsucht im gottvergessenen kulturellen Kontext nur noch im Offenbleiben der Sehnsucht darstellt? Anders herum: Könnte nicht dieses Leiden an der Endlichkeit selbst unseres Glücks, an dem ständigen »utopischen Überschuss« in unserem menschlichen Leben Gottes Art sein, sich bei denen in Erinnerung zu halten, die ihn nicht kennen bzw. ausdrücklich verneinen zu müssen meinen?
– Ist die rastlose Hektik unserer Zeitgenossen – auch wir Christen sind von ihr nicht frei – nach dem am Ende doch endlichen Glück (wir ahnen es, wie Don Giovanni, bereits im vorhinein) nicht noch einmal ein Ausdruck unserer eben doch maßlosen Sehnsucht? Steht dahinter nicht der tragische und zum Scheitern verurteilte Versuch, die maßlose Sehnsucht an mäßigen Gütern festzumachen? An Gütern, an der Macht, an Erotik und Sexualität? Ist nicht in einer solchen kulturellen Notlage der Mensch willfährig bereit, sich zu einem Bündel steuer- und befriedigbarer Bedürfnisse reduzieren zu lassen?
– Greifen nicht schließlich manche Zeitgenossen, wenn sie die Kluft zwischen der maßlosen Sehnsucht und der mäßigen Erfüllung erleiden, dazu, ihre Sehnsucht zu ermäßigen, ja zu vernichten?
Der Dichter Hermann Hesse hat die folgenden Zeilen geschrieben:

»Solang du nach dem Glücke jagst,
Bist du nicht reif zum Glücklichsein,
Und wäre alles Liebste dein.

Solang du um Verlornes klagst
Und Ziele hast und rastlos bist,
Weißt du noch nicht, was Friede ist.

Erst wenn du jedem Wunsch entsagst,
Nicht Ziel mehr noch Begehren kennst,
Das Glück nicht mehr mit Namen nennst,

Dann reicht dir des Geschehens Flut
Nicht mehr ans Herz, und deine Seele ruht.«

Hat dagegen aber nicht die österreichische Poetin Maria Ebner von Eschenbach recht, die sagt, nicht der sei zu bedauern, dessen Sehnsucht nicht in Erfüllung geht, sondern der, der keine mehr hat?

»Nenne dich nicht arm,
wenn deine Träume nicht in Erfüllung gegangen sind;
nenne dich arm,
wenn du nie geträumt hast.«

Und Khalil Gibran, der als großer Weiser unseres Jahrhunderts gelten kann, sagt:

»Die Bedeutung des Menschen liegt nicht in dem,
was er erreicht,
sondern vielmehr in dem,
was er sich zu erreichen sehnt.«

In einer solchen Lage könnte es für viele Menschen eine Befreiung sein, würden sie ihre wahre Größe wiederentdecken und ihrer Gottessehnsucht auf die Spur kommen. Denn der Preis, den zunehmend viele Menschen für unsere gottvergessene (Un-)Kultur zahlen, ist hoch; zu hoch, sagen viele. Typisch für diese Zeit, die reich ist an Gütern, ist die Knappheit an Sinn. Die »noogene Neurose« plagt viele, und dies in Ablösung der einst vorherrschenden sexuellen oder der Autoritätsneurosen. Wir haben viel, aber was soll das Ganze? Neue Werte werden gesucht, der Wertewandel wird beschworen. Aber der Ausweg aus der Sackgasse scheint nicht zu gelingen. Schon häufiger ist vielfältige Flucht, wobei der gemeinsame Nenner dieser Fluchtversuche darin besteht, dass das Bewusstsein gedämpft oder ganz getötet wird. Dazu eignen sich Alkohol, Drogen, Überkonsum von Fernsehen, die Flucht in die Krankheit, Kriminalität, das Untertauchen in geschlossene heile Welten (wie sektoide Gruppen) und im äußersten Fall in den Selbstmord.
Zumal die Reduzierung des Menschen auf ein Bündel steuer- und befriedigbarer Bedürfnisse stößt immer mehr auf Widerstand. Der Mensch hat es satt, bloß ein Baustein in der großen Rechnung von Produktion und Konsumption zu sein. Der Satz: Der Mensch ist mehr als das Kapital, leitet inzwischen immer mehr. Mehr aber ist der Mensch vor allem deshalb, weil er auf Gott bezogen ist. Genau deshalb ist es unzulässig, dass ein Mensch über den anderen herrscht, dass der Mensch seine Würde an das Kapital oder an Büros abgibt.
Diese größere Wahrheit vom Menschen könnte die Kirche dadurch bei den Menschen in Erinnerung halten, dass von ihr aus das Gerücht läuft, dass Gott mit ihr ist. Könnte es nicht sein, dass dann diese Kirche die insgeheim gottbedürftigen

Menschen am Gewand fassen, sie festhalten und sagen: Wir wollen mit euch gehen, denn wir haben gehört, Gott ist mit euch? Voraussetzung für all dies ist aber eben, dass das Gottesgerücht durch das Land läuft. Und dies setzt wieder voraus, dass Gott wahrhaft mit uns, die Mitte der Kirche ist, die Kirche also Gottes Volk ist.

Mystische Kirche

Wir nennen fortan eine Kirche, die von sich sagen kann: »Gott ist mit uns«, eine mystische Kirche. Ihr Lebenszentrum ist Gott selbst, was die Kirche ihrerseits gottverwurzelt macht. Gottverwurzelung ist im übrigen eine legitime Übersetzung des Wortes Mystik, das im Lauf der Geschichte christlicher Spiritualität allerdings sehr viele Bedeutungen angenommen hat.[13] Wir setzen fortan auch »Volk Gottes« und »mystische Kirche« gleich und meinen eben, dass die Kirche dadurch zum Geheimnis, zum Mysterium wird, indem sie am Geheimnis Gottes selbst teilnimmt. Insofern ist der nach der Außerordentlichen Bischofssynode des Jahres 1985 von manchen gewollte oder befürchtete Gegensatz zwischen Kirche als Mysterium und Kirche als Volk Gottes bestenfalls künstlich, schlimmstenfalls ein Versuch, eine bestimmte Praxis kirchlicher Bürokraten vor Kritik zu schützen. Sachlich kann kein Gegensatz bestehen, wenn Kirche wirklich Volk Gottes ist.

An die Jahre nach dem Konzil ist dann eher die Frage zu stellen, ob die Volk-Gottes-Theologie der Kirchenversammlung auch hinlänglich ernst genommen wurde. Es könnte ja sein, dass – allerdings auch wieder aus geschichtlich verständlichen Gründen, als Gegenentwicklung gegen eine volkslose Gestalt der Klerus-Kirche – im Zuge der Rezeption des Konzils zunächst nur der erste Teil des Begriffs betont wurde: Es ging und geht ja auch heute immer noch um eine angemessene Beteiligung aller Kirchenmitglieder am Glauben und Leben der Kirche in ihren Gemeinden. Zu Recht wurde die Förderung des Volkes ein zentrales Anliegen, das längst noch nicht als erledigt angesehen werden kann. Wurde aber bei all diesen durchaus berechtigten Bemühungen zur Volksförderung nicht gelegentlich übersehen, dass es um das Volk *Gottes* geht? Dass erst dann, wenn Gott Lebensmitte dieses Volkes ist, wenn es Gott aufnimmt (Joh 1,17) und wenn Gott als Lebensmitte sowohl die Gestalt der Kirche wie ihre Praxis bestimmt, dass erst dann die Kirche wahrhaft Volk Gottes ist?

Die entscheidende Frage

Damit sind wir in der Lage, die Fragestellung dieser pastoraltheologischen Reflexion näher zu umschreiben. Es ist eine Frage, die dem Alten Testament nicht fremd ist. Auf dem Weg zwischen dem Sklavenelend in Ägypten und dem lebenstrotzenden Land Kanaan ist das Volk den Entbehrungen der Wüste ausgeliefert. Wasser fehlt. Da überkommen das Volk Zweifel, ob denn Gott wirklich mit ihm ist, und die Israeliten fragen bei Massa und Meriba: »Ist der Herr in unserer Mitte oder nicht?« (Ex 17,7)

Könnte es nicht sein, dass in den letzten Jahren uns immer weniger Leute »am Gewand« festgehalten haben und sagten: Wir wollen mit euch gehen, weil sie nicht mehr wahrnehmen, dass Gott mit uns ist? Wie kommt es, dass nach einer jener Studien, der wir uns im nächsten Abschnitt gleich ausführlicher zuwenden werden, 15 % der Bevölkerung der Bundesrepublik Deutschland behaupten, überhaupt kein, und weitere 41 % nur wenig Vertrauen in die Kirche zu haben? Wie steht es also um das Gottesgerücht heute? Kann Gott in der Kirche »vor-kommen«? Oder ist die Kirche womöglich in weiten Bereichen so, als wäre Gott nicht mit uns? Ist sie also gottlos, atheistisch? Mit Josef Fischer ist daher zu fragen, ob es nicht in vielfältiger Hinsicht eine Art landläufigen »ekklesialen Atheismus« gibt.[14] In modifizierter Weise ist an unsere alltägliche Kirchenpraxis die Massa- und Meriba-Frage zu stellen: »Ist der Herr in unserer Mitte oder nicht?«

Dem Gottesgerücht Beine machen

Die Hauptfrage des nächsten Teils ist damit schon gestellt: Wie soll unsere Kirche aussehen, was kann sie heute tun, um das Gottesgerücht wieder in Umlauf zu bringen, so dass Menschen uns wieder mehr am Gewand fassen, festhalten, und sagen: Wir wollen mit euch gehen, denn wir haben gehört, Gott ist mit euch.

Kirchengerüchte

Wie dringlich diese Frage ist, zeigt sich, wenn man das Gerücht untersucht, welches die konkrete Kirche heute verbreitet. Bei einigen Kursen habe ich den Teilnehmer/inne/n den Verheißungstext des Propheten Sacharja vorgelegt. Allerdings habe ich aus didaktischen Gründen den Text kurz vor dem Ende gekappt und offengelassen:

»So spricht der Herr der Heere:
In jenen Tagen
werden zehn Männer aus Völkern aller Sprachen
einen Mann aus Juda
an seinem Gewand fassen,
ihn festhalten
und sagen:
Wir wollen mit euch gehen;
denn wir haben gehört ...«

An diesen offengelassenen Text habe ich zwei Fragen angeknüpft und die Leute gebeten, sich persönlich Notizen zu machen und dann ins Plenum zu bringen. Die eine Frage war: Was für ein Gerücht verbreiten wir heute als Kirche? Und die andere: Wie lautet (vermutlich) der (den meisten unbekannte) Text vollständig, was sagt Sacharja, dass von uns zu hören sein wird, wenn Gottes Verheißung in Erfüllung gegangen sein wird?

a) Kirchenfrust

Die Antworten auf die erste Frage sind bedrückend. Die Leute nehmen sie zum Anlass, ihre Enttäuschungen mit unserer Kirche abzuladen.

Hier sind Beispiele, welche die Leute brachten:

- Die Kirche engt durch ihre Gebote ein, macht die Menschen nicht frei, ermutigt nicht.
- Christen gelten als dumm, sie denken nicht selbst.
- Die Kirche ist mächtig.
- Sie hat keinen Mut zu entschiedenen Aussagen.
- Werte werden nur verbal weitergegeben.
- Christen sind auch nicht besser.
- Kirche ist harmlos, zu wenig politisch.
- Sie ist ebenso hilflos wie alle anderen, steckt nicht an, ist unattraktiv.

– Sie hält sich selbst nicht an das Neue Testament.

Nach geraumer Zeit habe ich mit der Sammlung von Kirchengerüchten innegehalten. Gemeinsam haben wir uns bewusstgemacht, dass die meisten der genannten Gerüchte negativ sind.
Dann kamen freilich nach und nach auch gute Gerüchte über unsere Kirche: Sie fördert Gemeinschaft, ist ein Ort der Freude, verbreitet Hoffnung, gibt Orientierung fürs Leben. Dies lässt erkennen, dass trotz vielfältiger Enttäuschungen die Hoffnungen in Richtung Kirche noch nicht ganz verloren gegangen sind.

b) Kirchenträume
Dass die Leute Hoffnungen auf ihre Kirche setzen, wurde bei der Beantwortung der zweiten Frage noch deutlicher: Der Satz »Denn wir haben gehört« wurde beispielsweise so ergänzt:

– Ihr habt Gemeinschaft, von der wir träumen.
– Ihr lebt ohne Angst.
– Bei euch entsteht eine Alternative.
– Unter euch herrscht Liebe, denn Gott ist unter euch.
– Ihr wollt Gott suchen.
– Ihr geht die Wege Gottes, die Wege der Gerechtigkeit und des Friedens.
– Ihr habt Gott gefunden.
– Euer Gott ist der große und gute Herr, der euch hilft und euch beschützt.

Diese wenigen Beispiele zeigen aber nicht nur, welche Hoffnungen die Menschen nach wie vor mit Kirche verbinden, sondern dass diese Erwartungen deshalb an die Kirche gebunden werden, weil diese in Beziehung mit Gott gesehen wird.

So ist unsere Frage, die uns weiter beschäftigen wird, von zwei Richtungen her getragen: Die biblische Verheißung fordert uns heraus, als Kirche das Gottesgerücht wachzuhalten; Menschen erwarten dies ihrerseits von unserer Kirche. Zu Recht hat daher ein Pfarrer aus Norddeutschland seine Aufgabe so zusammengefasst: »Ich will das Gerücht von Gott wachhalten.«[15] Doch ist dies nicht allein die Aufgabe der Pfarrer, sondern der ganzen Kirche, wie sie sich in Gemeinden ereignet.
Wie aber können wir heute das Gottesgerücht wachhalten?

Kein Gottesgeschwätz

Zur Vorbereitung der Diözesansynode in Rottenburg-Stuttgart hat Bischof Georg Moser junge Menschen gebeten, über ihre Erfahrungen mit Gott und Kirche an ihn Briefe zu schreiben. Einer der Briefe kann uns bei unserer Frage weiterbringen:

»Ich bin 17 Jahre alt und arbeite als Näherin. Zu dem Thema Kirche und Gott kann ich nicht viel sagen. Ich glaub nicht (unbedingt) daran. Zur Kirche geh ich auch nur, wenn eine Hochzeit ist oder eine Taufe. Warum soll ich jeden Sonntag zur Kirche gehen, das bringt mir nichts. Das Geschwätz ist doch zum Einschlafen. Wer kann mir denn beweisen, dass das stimmt, was der Pfarrer redet. Gibt es Gott überhaupt?! Manchmal, wenn ich traurig bin, wenn ich Sorgen habe, denk ich mir auch, lieber Gott, bitte hilf mir. Hat mir dieser Gott geholfen, als ich vor 2 Jahren zu Hause auszog, hat er mir geholfen, dass ich meinen Vater vom Alkohol wegbring? Nein, niemand hat mir geholfen. Da bringt mich der Glaube an den lieben Gott auch nicht weiter. Ich glaub zwar an das Leben nach dem Tode, aber eins glaub ich auch, dass Gott und die Kirche mit dem Weiterleben nichts zu tun haben. Das

ist für mich eine andere Dimension, eine andere Welt. Meinen Eltern war es egal, ob ich in die Kirche gegangen bin oder nicht, manchmal aber habe ich Angst. Wirkliche Angst. So wie ich über Gott denke, frag ich mich manchmal, ob das nicht schlimm ist. Ich glaub an Jesus, ja, es ist bewiesen, dass es ihn gegeben hat, wird er mir vielleicht mal verzeihen? Ich habe Angst vor dem Ungewissen. Was kommt in der Zukunft, was war in der Vergangenheit? Wird irgendwann die Erde untergehen und ins Nichts zurückkehren? Glaube, Glaube, das ist bei mir, dass ich einem lieben Menschen vertrauen kann. Meinem Freund vertrauen kann, der mir hilft, bei all meinen Sorgen. Aber kann mir Gott helfen? Hat er mich mit so einer Mutter gestraft, die mich hasst und nichts für mich übrig hat?[16]

Dieser Brief gibt uns erste Hinweise, in welche Richtung die Kirche ihre pastorale Arbeit verstärken soll, will sie das Gottesgerücht ins Laufen bringen. Das Wort genügt dazu (allein) offenkundig nicht mehr; daher auch nicht Katechismen (allein), obwohl wir in den letzten Jahren enorm viel Phantasie, Personen, Zeit und Geld in sie investiert haben und manche unglaublich hohe Hoffnung auf sie setzen. Der amtlichen Rede der Pfarrer misstraut das Mädchen. Und viele im Volk denken ähnlich über die bezahlten Pastoralexperten, einschließlich der Priester. Sie gelten ihnen nicht als glaubwürdig. Dem Satz: »Ich glaube oft, ein Priester würde ganz anders reden, wenn ihm die Kirche nicht alles so genau vorschreiben würde«, haben schon 1970 59 % der befragten Leute in (Ober-)Österreich zugestimmt. Ob für dieses Mädchen (und mit ihr für viele Zeitgenossen) Gott glaubwürdig wird, hängt weniger von dem belasteten und verbrauchten Wort ab, sondern von einer der Gottesrede angemessenen Praxis derer, die Gott ernst nehmen.

Auch die jüngste Studie in der Bundesrepublik Deutschland über den »ekklesialen Atheismus« weist in diese Richtung (siehe folgende Tabelle). Ob jemand Gott ernst nimmt, zeigt sich nämlich nach Ansicht der Leute nicht allein an Liturgie und Gebet. Der Sinn für Gemeinschaft und der Einsatz für Gerechtigkeit spielen eine ebenso wichtige Rolle. Diese werden in hohem Maße vom religiösen, gottgläubigen Menschen erwartet, wobei eben die Religiösen und Gottgläubigen diese Erwartungen sehr oft zu enttäuschen scheinen.

Aus der Perspektive des Volkes wird somit am zwischenmenschlichen Umgang, am Sinn für Gemeinschaft und am Einsatz für Gerechtigkeit sichtbar, wie es ein Frommer mit seinem Gott hält. Eben dieser Maßstab wird auch an die Kirche angewendet. Ob Gott in ihr lebendig ist, ob die Kirche wirklich ihren Gott ernst nimmt, ob sie ihm wahrhaft nahe ist, das ist nicht allein an den Worten und Ritualen erkennbar, sondern an der Art, wie die Christen in der Kirche miteinander umgehen und wofür sie sich einsetzen. Gemeinschaft und Gerechtigkeit werden somit zu den zwei heute wichtigen Formen der Gottesauslegung.

– Und wenn Sie einmal ganz allgemein an Menschen denken, die religiös sind, die an Gott glauben – Wie sollten die Ihrer Meinung nach vor allem sein, was sollte auf religiöse Menschen zutreffen?

– Wenn Sie mal an Menschen aus Ihrer persönlichen Umgebung denken, die an Gott glauben, die religiös sind – Was sind das im Allgemeinen für Menschen, was für Eigenschaften und Einstellungen findet man bei ihnen besonders häufig? – Könnten Sie es nach dieser Liste hier sagen?

– Wenn Sie einmal an Menschen denken, die nicht an Gott glauben – Was trifft auf die zu, was ist bei ihnen besonders häufig?

– Antworten der Katholiken –

		ideale Religiöse	konkrete Religiöse	Atheisten
(a) *Gemeinschaft*	verlässlich	71 %	42 %	12 %
	an anderen Menschen interessiert	66 %	39 %	17 %
(b) *Gerechtigkeit*	Setzen sich für Gerechtigkeit ein	75 %	39 %	14 %
	Tun viel für die Armen	73 %	37 %	7 %
	Kämpfen gegen Unterdrückung	51 %	15 %	15 %

Mystik, Geschwisterlichkeit, Politik

Bevor wir diese Erkenntnisse in Handlungsprinzipien umsetzen, ist es notwendig, drei Begriffe näher zu erläutern: Mystik, Geschwisterlichkeit und Politik.

– Mystik meint im Folgenden soviel wie Einwurzeln, Eintauchen in Gott. Wenn Paulus von sich sagt: »Ich bin mit Christus gekreuzigt worden; nicht mehr ich lebe, sondern Christus lebt in mir. Soweit ich aber jetzt noch in dieser Welt lebe, lebe ich im Glauben an den Sohn Gottes, der mich geliebt und sich für mich hingegeben hat« (Gal 2,19f), dann ist dies ein mystischer Satz. In diesem Sinn ist jeder Christ ein Mystiker. Ich verwende im Folgenden »Mystik« in diesem grundlegenden biblischen Sinn. »Mystisch« ist dann gleich mit »gottverwurzelt«.

– Geschwisterlichkeit ist ein Wort, das in den letzten Jahren in der praktisch-theologischen Diskussion Raum gewonnen hat. Es ist eine Weiterentwicklung des auf dem Konzil betonten Begriffs der Brüderlichkeit. Diese Sprachentwicklung hat zu tun einerseits mit dem wachsenden Selbstbewusstsein von Frauen in der Gesellschaft und zunehmend auch in der Kirche, andererseits mit der wachsenden Bereitschaft der Kirche, in diesem wachsenden Selbstbewusstsein auch das Wirken des Geistes Gottes zugunsten der Menschheit und auch der Kirche zu erkennen. Mehr Weiblichkeit ist mehr Menschlichkeit. Inhaltlich meint Geschwisterlichkeit jene Art des Umgangs zwischen Menschen, die geprägt ist von dem Respekt vor der wahren Gleichheit an Würde, vor der Eigenständigkeit und Eigenmächtigkeit jedes Menschen und zugleich von einer hohen Verbindlichkeit füreinander.

– Politik meint schließlich im Folgenden jeglichen Einsatz für mehr Gerechtigkeit. Insofern die Zustände der Menschheit heute geprägt sind durch ein Meer von Ungerechtigkeit, von ungerechten Verteilungen der Lebenschancen, zielt Politik hin auf eine gerechtere Verteilung der immer knapper werdenden Lebenschancen auf unserer Erde.

Faustregeln

Die Handlungsprinzipien, die wir nunmehr formulieren, gehen neuerlich von der Kirchenvision des Sacharja aus, einer Kirchenvision, wie sie das Zweite Vatikanische Konzil wieder ins Bewusstsein gerückt hat: Kirche ist Volk Gottes, und dieses ist sie nur dann, wenn sie eingewurzelt ist in den uns in Jesus nahegekommenen und mit seinem Heiligen Geist gegenwärtigen Gott. Wer also »Volk Gottes« sagt, behauptet zunächst, dass dieses Volk »mystisch« ist. So lautet unser erstes Prinzip, die erste Faustregel:

– Als Volk Gottes ist die Kirche mystisch.

Eine unmystische Kirche kann nicht Volk Gottes sein.

Die folgenden zwei Handlungsprinzipien konkretisieren sodann, was es bedeutet, wenn die Kirche »mystisch« ist, wenn Gott in ihr lebendig ist. Gott selbst, in den die Kirche mystisch einwurzelt, seine Praxis wird dann für die Kirche bestimmend. Es ist dann aber eine Praxis, die Menschen zu einer geschwisterlichen Gemeinschaft verbindet und aufmerksam macht für die himmelschreienden Ungerechtigkeiten auf dieser Erde. So können wir formulieren:

– Je mystischer unsere Kirche ist, desto geschwisterlicher wird sie sein.
– Je mystischer unsere Kirche ist, desto politischer wird sie sein.

Diese beiden Prinzipien treffen auch in ihrer Umkehrung zu:
Eine notorisch ungeschwisterliche Kirche gerät in den Ruf, gottlos, atheistisch, zu sein.
Ebenso gerät eine unpolitische Kirche in den Verdacht, gottlos, atheistisch, zu sein.

Ekklesiologie als Theologie

Aus all diesen Überlegungen wird deutlich: Wie die Kirche aussieht und wie sie arbeitet, wenn sie sich von Gott zu seinem Volk bilden lässt, hat untrennbar damit zu tun, mit was für einem Gott sie in der Geschichte unterwegs ist. Gottes menschenfreundliche Praxis soll nämlich in der Praxis der Kirche vorkommen und durchkommen. Eine Lehre von der Kirche gibt es daher nicht ohne eine Lehre von Gott: Ekklesiologie ist Theologie. Gott aber, so werden wir an Hand biblischer Erfahrungstexte zeigen, ist einer, der Menschen zusammenfügt und sich für die Unterdrückten stark macht. Eine Kirche, in der Gott (mystische) Lebensmitte ist, wird daher mit innerer Konsequenz geschwisterlich und politisch.

Dass beispielsweise die politische Option der Kirche zugunsten der Armen nicht zufällig ist, drückt Gustavo Gutiérrez, einer der Begründer der Theologie der Befreiung, so aus: Wenn er bei Vorträgen in den Vereinigten Staaten oder in Europa über die Option der lateinamerikanischen Kirche zugunsten der Armen spricht, dann sagen ihm viele verständnisvoll: Ja, Sie kommen eben aus Lateinamerika, dort gibt es viel Armut und Unterdrückung. Aber bei uns im reichen Nordamerika oder in Europa ist das anders, da stehen andere Aufgaben an. Darauf, so Guttiérrez, erwidere er, dass diese Option nicht (allein) aus den Umständen komme, also von der Not und Unterdrückung der Leute herrühre. Sie habe ihre wahre Wurzel in Gott selbst, von dem in den biblischen Texten berichtet wird, dass er zugunsten der Armen, die zu ihm schreien, optiere. Die Option der Kirche zugunsten der Armen sei daher nicht eine Frage der historischen (und daher vergänglichen) Umstände, sondern eine Konsequenz der Mystik der Kirche: Weil Gott selbst zugunsten der Armen optiert, kann die Kirche gar nicht anders, als seine Option zu teilen. Tut sie es nicht, ist sie nicht Volk Gottes, wird sie gottlos, Gott los.

Geschwisterlichkeit

Das Wort »Geschwisterlichkeit« ist mit Bedacht gewählt. Eine kleine Begebenheit kann seine Wahl einsichtig machen: Wir hatten an der Theologischen Fakultät in Wien ein pastoraltheologisches Seminar über »Schlüsselwörter der kirchlichen Praxis – bibeltheologisch befragt«. Dabei ging es auch um das für die Kirchenauffassung des Zweiten Vatikanischen Konzils bedeutsame Wort der Brüderlichkeit. Da meldete sich eine Studentin und wünschte, dass sie nicht mit Bruder angeredet werde, auch wenn dieses Wort im Alten und Neuen Testament durchaus für Frauen und Männer im Sinn von »Du« verwendet werde. Ein Priesteramtskandidat erwiderte: Sie sei ja ohnedies mitgemeint, wenn von »Brüdern« im biblischen Sinn die Rede sei. Darauf schlug die Studentin vor, probeweise in den folgenden Seminarsitzungen einander mit »Schwester« anzureden. »Und Du bist mitgemeint«, sagte sie zum Priesteramtskandidaten. Dies wollte er auch wieder nicht.

»Nennt uns nicht Brüder«, fordern daher heute zu Recht auch Frauen in den Kirchen, die am gesellschaftlichen Aufbruch der Frauen teilnehmen. In der Tat, wir haben in der Kirche allen Grund, auch jegliche sprachliche Diskriminierung der Frauen zu unterlassen, und dies aus der Erkenntnis, dass durch Sprache Wirklichkeit abgebildet und fortgeschrieben wird. Ein Sprechen, das Frauen »mit-meint«, enthält eine Einschätzung der Frauen, die weder dem gesellschaftlich wachsenden Selbstverständnis noch den Perspektiven der Bibel entspricht.

Eine geschwisterliche Kirche entspricht der Sehnsucht vieler (nicht nur junger) Menschen nach Gemeinschaft. Sie wächst ihrerseits mit innerer Notwendigkeit, sobald Gott selbst das Lebenszentrum der Kirche ist.

Sehnsucht nach Gemeinschaft

Die Sehnsucht der Menschen nach Gemeinschaft kann an vielen Symptomen abgelesen werden. So ist es für die Menschen wichtig, einen Partner zu finden, bei dem sie sich geborgen fühlen, in dessen Umkreis sie sich entfalten können, der ihnen vor allem das Gefühl verleiht, wichtig, wertvoll und einmalig zu sein. Unbeschadet der Frage, ob sie es sich zutrauen, einen solchen Partner auch zu heiraten, suchen sie nach ihm und halten es für wichtig, dass er treu und verlässlich ist. Und weil die Erfahrung, anerkannt zu sein, sich entfalten zu können und daheim zu sein, von vielen im Bereich der beruflichen Arbeit nicht hinlänglich gemacht werden kann, ist für sie der private Lebensort noch wichtiger. Viele knüpfen das Gelingen ihres Lebens an das Gelingen ihrer »kleinen Lebenswelt«. In Frieden mit einem geliebten Menschen alt zu werden, wäre schon schön, sagen viele.

Freilich, ebenso viele zweifeln heute daran, ob dies auch möglich ist. Und sie haben für solchen Zweifel auch Grund. Das, was die jungen Menschen zumal bei ihren Angehörigen erleben, ermutigt sie nicht. Auch selbst bringen sie lebensgeschichtlich oft nicht hinreichende Voraussetzungen für Verlässlichkeit und Treue mit. Noch weniger begünstigt unsere Alltagskultur die Beziehungsfähigkeit der Menschen. Das lebenslange Training, viel leisten zu müssen, um sich viel leisten zu können, untergräbt diese Beziehungsfähigkeit vielmehr nach und nach. Es ist uns dabei zwar gelungen, menschheitsalte Knappheiten an materiellen Gütern des primären und gehobenen Bedarfs abzubauen, doch haben wir uns längst neue Knappheiten eingehandelt, vor allem eben die Knappheit an Treue und Verlässlichkeit. Was im Umkreis dieses kulturell antrainierten Strebens nach materieller und sozialer Belohnung gewachsen ist, ist ein verbreiteter depressiver Individualismus, der sich in Sätzen äußert wie »Auf andere kannst Du Dich nicht verlassen« oder »Jeder muss für sich selber sorgen«.[17] Unbezogene Selbstverwirklichung wurde als Lebenskonzept angepriesen, wohl ahnend, dass der ichbezogene, vereinzelte, unsolidarische Bürger die besten Voraussetzungen mit sich bringt, ein verlässlicher und berechenbarer Konsument zu sein.

In einer solchen Kultur – wir sollten besser Un-Kultur sagen

– steht es schlecht um das Beziehungsnetz. Es ist am Zerreißen, und wo es weitergewoben wird, geschieht dies nur lose und zögernd. Bei aller Sehnsucht nach Dauer und Verlässlichkeit werden die Zweifel an sich und den anderen in Vorbehalte umgemünzt. Die Lebensgemeinschaften, die dabei entstehen, ereignen sich in der seltsamen Spannung zwischen dem unausrottbaren Wunsch nach Treue und Verbindlichkeit einerseits und der resignativen Ahnung, dass solches nicht mehr möglich ist, andererseits.

Vielleicht trifft auf das gesellschaftliche Beziehungsnetz dasselbe zu, was die Ökologiedebatte für den Umgang des Menschen mit der Schöpfung inzwischen klar erbracht hat: dass durch einen aus der Allmachtsphantasie geborenen Umgang mit den begrenzten Ressourcen das ökologische System vom Zusammenbruch bedroht ist. Sind nicht auch die menschlichen Beziehungsressourcen endlich und begrenzt? Sind wir aber nicht zugleich mit den endlichen Beziehungsressourcen so verfahren, als wären sie nicht endlich? Haben wir nicht naiv gemeint, wir hätten unbegrenzte Möglichkeiten, Beziehungen anzufangen und zu erhalten? Wir haben dann überlieferte Beziehungskulturen (wie die zurückhaltenden Lebensregeln der Kirchen oder humanistischer Kreise) vorschnell als verklemmt oder repressiv denunziert. An ihre Stelle haben wir offene Modelle gesetzt (und dabei oft anderes gehört, als die Erfinder solcher Wortbilder gemeint haben). Wir haben gemeint, wir könnten mit Beziehungen ebenso schonungslos und ausbeuterisch, macherisch umgehen wie eben mit den Vorgängen der übrigen Lebenswelt. Zahlen wir aber dafür nicht heute einen zu hohen Preis? Ist nicht das gesellschaftliche Beziehungssystem dabei zu zerreißen? Viele Indikatoren untermauern eine solche Vermutung:

– Scheidungsraten, in deren Folge die lebenslange Beschädigung der Scheidungswaisen (wobei offenkundig viele Kinder auch in nach außen vollständigen Familien als Waisen aufwachsen);
– die schwindende Bereitschaft, sich für gute und böse Tage, im Vorgriff auf die Zukunft, in eine Schicksalsgemeinschaft mit einem anderen Menschen (trotz seiner Begrenztheit und Endlichkeit) hineinzubegeben.

Zu den Symptomen gehören gewiss auch jene, die Opfer der immer kürzeren Beziehungsarrangements werden, die das Leid einer »Scheidung« (genauer freilich einer Trennung) durchleben, ohne je verheiratet gewesen zu sein (was sie freilich insofern waren, weil sie ja lebten, als wären sie es), und die in diesen Trennungsvorgängen nicht nur wachsen, sondern zunehmend auch erleben, für niemand gut genug zu sein, und in einen immer unbarmherzigeren Leistungsdruck geraten, was ihre Beziehungen betrifft, der sie schließlich in unentrinnbar-depressive Vereinsamung treibt.

Wo sind heute in unserer Gesellschaft Hoffnungsreserven für den Menschen auf der Suche nach Gemeinschaft? So fragen viele!

Geschwisterliche Lebensorte

Wenn Kirche ist, was sie zu sein berufen ist, kann sie für die Menschen auf ihrer Suche nach Gemeinschaft, Treue, Verlässlichkeit, Verbindlichkeit und Verbundenheit, nach Solidarität ein Hoffnungsort werden. Biblische Texte zeigen uns jedenfalls, dass dort, wo Menschen dem Ruf der Nachfolge nachkommen, ein geschwisterlicher Lebensort entsteht. An einem Gesprächsausschnitt über Nachfolge zwischen Jesus und Petrus lässt sich das verdeutlichen.

»Da sagte Petrus zu ihm:
Du weißt, wir haben alles verlassen
und sind dir nachgefolgt.
Jesus antwortete:
Amen, ich sage euch:
Jeder, der um meinetwillen
Haus oder Brüder, Schwestern,
Mutter, Vater, Kinder oder Äcker
verlassen hat,
wird das Hundertfache dafür empfangen:
Jetzt in dieser Zeit
wird er Häuser,
Brüder, Schwestern,
Mütter, Kinder und Äcker
erhalten,
wenn auch unter Verfolgungen,
und in der kommenden Welt das ewige Leben.«
(Mk 10,2-8-30)

– Thema ist die Nachfolge. Nachfolge wiederum wurde im Lauf der Geschichte christlicher Spiritualität eines der wichtigsten Bilder für das Christwerden. »Hinter Jesus hergehen«, an ihm Maß nehmen, von ihm lernen, mit ihm verbunden sein (vgl. 1 Joh 2,6), dies sind wichtige Vorgänge, Erfahrungen auf dem Weg des Christen.
Dies heißt aber auch, dass christliche Existenz ein Weg ist. Jesus markiert auch Anfang und Ziel dieses Weges mit den Wörtern »verlassen« und »empfangen«. Ein Auszug findet statt, ein Exodus.
– Verlassen wird der herkömmliche Lebensort eines Israeliten. Markiert wird dieses Lebensfeld mit dem auch bei uns lange gebräuchlichen Wort »Haus« (er heiratet in ein Haus hinein,

so sagen wir). Besiedelt wird dieses Haus von blutsverwandten »Brüdern und Schwestern«, von Müttern und Kindern. Das Lebenszentrum ist der Vater. Wer des Schutzes dieser patriarchal organisierten Familie entbehrt, zählt zu den sozial Schwachen (Witwen, Waise, Fremde). Die wirtschaftliche Grundlage dieses Lebensortes sind Äcker.

– Empfangen wird nicht nur einst ewiges Leben, sondern schon jetzt ein neuer Lebensort. Wer Christ wird, erhält somit eine neue soziale Bezugsgruppe, eine neue Zugehörigkeit. Er wird, so sagt daher das Taufritual für Erwachsene, »eingegliedert« in das heilige Volk Gottes. Dieses ist wiederum handfest ausgestattet. Da sind Häuser ebenso wie Äcker. Es gibt Glaubens-«Mütter« und -«Kinder«. Es gibt vor allem »Brüder« und »Schwestern«. Und auf den ersten Blick fehlt der »Vater«.

verlassen	empfangen	
Haus	jetzt:	Häuser
Brüder		Brüder
Schwestern		Schwestern
Mutter		Mütter
VATER		(Mt 23,9)
Kinder		Kinder
Äcker		Äcker
	einst:	ewiges Leben

– Der Vater fehlt nur bei vordergründiger Betrachtung. Trifft doch hier zu, was Jesus fordert: »Ihr sollt euch nicht Rabbi nennen lassen; denn nur einer ist euer Meister, ihr alle aber seid Brüder. Auch sollt ihr niemand auf Erden euren Vater nennen; denn nur einer ist euer Vater, der im Himmel« (Mt 23,8f).

Im neuen Lebensort des Volkes Gottes ist somit Gott selbst das bergende »väterliche« Lebenszentrum. Ein folgenreicher

»Herrschaftswechsel« geschieht: aus dem menschlichen Herrschaftsbereich in den Bereich Gottes, von patriarchaler Vaterschaft in die qualitativ neue Vaterschaft Gottes.[18]

– Manche weisen darauf hin, dass auch die Bibel Väter kennt. Paulus schreibt an Philemon, er sei dem entlaufenen Sklaven Onesimos im Gefängnis zum Vater geworden (Phlm 10). In der Tat, wir reden vom »Be-zeugen« des Glaubens und leihen dabei ein Bild von der Lebensweitergabe. Im Vorgang der Glaubensbezeugung werden Glaubenskinder gezeugt. Also werden zu Recht Kinder genannt, wenn die aufgezählt werden, die den Lebensort des Volkes Gottes bewohnen. Freilich, daraus ist kein Strukturprinzip für die Kirche abzuleiten. Denn diese Kinder sollen ja eines Tages ihre Kinderschuhe ablegen. Sie sollen es nicht mehr nötig haben, dass sie Glaubensmilch bekommen (1 Kor 3,2) und belehrt werden müssen (1 Joh 2,27). Sie sollen aufhören, Kinder zu sein, wodurch auch die apostolische Glaubensvaterschaft beendigt wird. Was dann aber für die Struktur der Kirche bleibt, das sind Brüder und Schwestern. Wo Gott das bergende Lebenszentrum ist, entsteht eine geschwisterliche Kirche.

– Dabei ist wichtig zu sehen, dass die Brüder und Schwestern auf dem Weg vom Lebensort, den sie verlassen, hinein in den Lebensort des Volkes Gottes eine tiefgreifende Veränderung durchmachen. Sie sind jetzt nicht mehr blutsverwandt, sondern noch viel mehr, nämlich gottverwandt. Denn die Kinder Gottes sind nicht aus dem »Willen des Mannes, sondern aus Gott geboren« (Joh 1,17). Weil Christen also eintauchen in das Geheimnis Gottes unter uns (in Jesus, den Auferstandenen, in seinen Geist), sind wir Kinder, Söhne und Töchter dieses Gottes (vgl. Dtn 14,1f; Mt 5,44).

– Unsere Berufung als Christen ist es aber, nicht nur für uns die Wohltat einer solchen geschwisterlichen Gemeinschaft zu erleben, sondern die Berufung aller Menschen zu einer einzigen Menschheit anschaulich zu machen und voranzubringen. Kirche wird so zum Sakrament der Geschwisterlichkeit, der Einheit der ganzen Menschheit. Weil nur ein einziger Gott ist, ist jede und jeder einer von uns.

Zur Kultur der »Volk-Gottes-Geschwisterlichkeit«

Wo das Leitbild einer geschwisterlichen Kirche ins Gespräch gebracht wird, findet es zumeist rasch Aufnahme. Vielleicht geht es zu rasch. Wörter werden schnell gelernt, das diesen Wörtern angemessene Bewusstsein und Handeln braucht länger; eine kulturelle Leistung ist nötig. So sollen hier einige Anregungen zur Kultur der neuen Geschwisterlichkeit zusammengestellt werden.

– Diese neue Geschwisterlichkeit wächst im Umkreis Gottes. Sie wächst vor allem dann, wenn sich Menschen unter den Augen Gottes zum Fest versammeln (vgl. Dtn 16,9–12). Geschwisterlich wird das Volk im Fest. Dies war die Erfahrung des Volkes Israel: Ins Fest zog ein ein sozial zerklüftetes Volk, Freie und Sklaven, Frauen und Männer, Fremde, Waisen und Witwen. Im Fest wurden sie unter den Augen Gottes ein Volk, in dem jede und jeder den Ehrennamen »Du«, das schmückende Wort »Volksgenosse« erhielt. Das Fest unter den Augen Gottes wurde der Ort zur sozialen Neuformung eines Volkes von Menschen mit gleicher Würde. Soziale Revolution geschah. Was geschieht in unseren Gottesdiensten?

– Das neue Kirchenrecht (CIC 1983, can. 208) sagt:

»Unter allen Gläubigen besteht auf Grund der Wiedergeburt in Jesus Christus eine wahre Gleichheit an Würde und Tätigkeit ...«

Der Weg dorthin ist weit. Gleiche Würde zwischen Klerus (»Hochwürdigen«, »Ehrwürdigen«) und Laien, zwischen Männern und Frauen, zwischen Reichen und Armen, zwischen Kindern, Älteren, Jugendlichen. Wer meint, hier ginge es lediglich um die Frage, ob der Klerus bereit ist, die Würde der übrigen Kirchenmitglieder anzuerkennen, irrt. Vielmehr ist zu fragen, welches Bewusstsein von Würde unsere Kirchenmitglieder selbst haben. Sind sie sich dessen bewusst, dass Gott selbst sie »gewürdigt« hat, sie in sein heiliges priesterliches Volk zu berufen? Wie steht es um das Taufbewusstsein der Christen?
– Wie steht es umgekehrt um das Bewusstsein von Amtsträgern, Priestern und anderen kirchlichen Stelleninhabern? »Der Priester müßte bei abstracter Betrachtung seiner Würde nothwendig stolz werden«, konnte denn auch formuliert werden.[19]
Amtsträger müssen sich fragen, ob sie daraus leben, mit den anderen Kirchenmitgliedern gleich-würdig zu sein. Dies wird dann der Fall sein, wenn auch Amtsträger ihr Bewusstsein in erster Linie von der Taufe her formen. Die Berufung zum Amt ist (wie alle anderen sakramental dargestellten Berufungen wie zur Ehe oder zum Zeugnis des Leidens in der Krankheit) eine Sonderberufung im Rahmen der Grundberufung der »Eingliederung« ins heilige und priesterliche Volk Gottes. Ob es dann noch angemessen ist, entgegen Mt 23,9 viele Amtsträger mit Ehrennamen zu versehen, die mit dem Wort »Vater« verbunden sind (Pater, Abt, Papst), kann mit Franz von Assisi zu Recht gefragt werden. Vielleicht sollten wir vom »Bruder Papst« reden und uns wünschen, dass dieser »Bruder Papst« die übrigen Christen nicht als seine Söhne und Töchter anredet (dies ist Gottes Anrede an uns), sondern als erwachsene, gleichwürdige Schwestern und Brüder.

– Eine wichtige Frage ist, wie in der geschwisterlichen Kirche das Amt, wie Autorität so ausgeübt werden kann, dass dadurch nicht die Gleichheit an Würde und Tätigkeit verletzt, sondern im Gegenteil gefördert wird. Manche sehen in einer solchen Fragestellung schon eine unkatholische Bedrohung des Amtes. Was aber bedroht ist, ist nicht das Amt, sondern eine Amtsauffassung und daran angeknüpft ein überkommener Amtsstil, den wir beispielsweise noch im Kirchenlexikon aus dem Jahr 1884 finden: Dort stand unter »Laien« lapidar: »Siehe Clerus«. Das Volk hatte sich nach dem Amt zu richten. Heute, auf dem Boden der biblischen Volk-Gottes-Theologie und der daran orientierten Kirchen-Theologie des Zweiten Vatikanischen Konzils kann die Regel nicht mehr lauten: Das Volk gehört dem Amt, sondern: Das Amt gehört dem Volk. Und beide gehören Gott. Dann aber ist auch klar, dass die Ausübung des Amtes so geschehen muss, dass dadurch die Würde des Volkes und seine Geschwisterlichkeit nicht verletzt werden. Aus der »Ordination« der einen darf nicht eine »Subordination« der anderen werden. Positiv formuliert: Amt ist immer so auszuüben, dass das Gottesvolk geschwisterlich wird, oder wie es der Epheserbrief ausdrückt:

»Jeder von uns empfing die Gnade
in dem Maß, wie Christus sie ihm geschenkt hat.
Und er gab den einen das Apostelamt,
andere setzte er als Propheten ein,
andere als Evangelisten,
andere als Hirten und Lehrer,
um die Heiligen für die Erfüllung ihres Dienstes
zu rüsten,
für den Aufbau des Leibes Christi.«
(Eph 4,7.11 f)

– Ein wichtiger Aspekt der neuen Geschwisterlichkeit ist, welche lebensmäßige Verbindlichkeit aus der gläubigen Verbundenheit der gottverwandten Schwestern und Brüder folgt. Es ist gewiss zu wenig, wenn sich die Mehrzahl unserer Kirchenmitglieder bestenfalls als »Kirchenbesucher« betrachtet. So ist zu fragen, wie (auch bewusstseinsmäßig) aus Kirchenbesuchern Kirchenglieder, »Kirchenbewohner« werden können. Diese Frage ist identisch mit dem Wiedergewinnen des uralten Taufbewusstseins der Christen, das offenbar zur Zeit nur bei den »religiösen Virtuosen« der Kirche (den Priestern, Ordensleuten und einigen wenigen »Laien«) vorzukommen scheint. So scheint es für viele unserer Kirchenmitglieder keine Frage zu sein, ob sie ihrer Kirchengemeinde nicht »fehlen«, wenn sie sich am Leben und am Gottesdienst ihrer Gemeinde nicht verbindlich beteiligen.

Wenn dann aber die Christen wieder etwas von der ursprünglichen Zugehörigkeit zum Volk Gottes entfalten, vielleicht sogar lernen, dass ihr existentieller »Hauptwohnsitz« eben das Volk Gottes ist und ihre bürgerliche Existenz dieser Erstzugehörigkeit zugeordnet ist, was folgt dann daraus für das Verhältnis der bürgerlichen Familie zur Kirchengemeinde? Wie viel Zeit, wie viel Lebensenergie investiert ein Christ dann in die Kirchengemeinde? Wie stark integriert er sein Leben in sie? Diese Fragen stellen sich all denen, die etwas von der Nachfolge Jesu verstanden haben. Sie sind eingewoben in das Netz der geschwisterlichen Kirche. Sie werden durch dieses Netz getragen und tragen andere mit. Und wenn Christen, die in Ehe leben, vom Seilakt ihrer Ehe abstürzen, werden sie vom geschwisterlichen Netz aufgefangen. Sie sind vielleicht dann (und erst dann) frei, in Frieden weiterzuleben, ohne wieder zu heiraten, weil sie nicht aus der Ehe in bodenlose Einsamkeit abstürzen. Vielleicht ist dies der Grund, warum Jesus denen,

die ihm nachfolgen und die den Lebensort des Volkes Gottes bewohnen, Treue zutraut und diese auch für die bösen Tage der Trennung für lebbar hält.
– Solche Beispiele zeigen, wie der Lebensort einer geschwisterlichen Kirche für den Menschen in unserer Gesellschaft ein Hoffnungsort sein könnte. Seine Sehnsucht nach verlässlicher Gemeinschaft könnte an diesem Ort in der Gesellschaft festgemacht werden. Kirche würde zum Hoffnungsort für eine Gesellschaft, in der das Beziehungsnetz bis zum Zerreißen angespannt ist.

Politik

Viele Kirchenmitglieder, aber auch viele Menschen außerhalb der christlichen Kirchen tun sich schwer, Gott/Religion/Kirche und Politik zusammenzubringen. Eher ist die Alternative »fromm oder politisch« in Geltung als die hier vertretene Faustregel »weil mystisch, daher politisch«. Es ist uns fremd, zu sagen, dass unser Gott, wie wir ihn in den biblischen Texten kennenlernen, ein »hochpolitischer« Gott ist. Und viele nehmen Anstoß an einer politischen Kirche, vielleicht weil sie grundsätzlich die Kirche zuständig halten für Innerlichkeit und Jenseits oder aber weil sie eine bestimmte politische Praxis der Kirche ablehnen. Manche haben auch den Begriff Politik eingegrenzt auf Parteipolitik.
So ist es für das Verständnis der folgenden Ausführungen wichtig zu sehen, dass wir unter Politik – im Anschluss an eine sehr alte Tradition – jegliche Bemühung verstehen, das Zusammenleben der Menschen gerecht zu ordnen, mit dem Ziel, die (immer knapperen) Lebenschancen in der einen Menschheit

gerechter zu verteilen. In diesem Sinn sind Gott selbst und auch sein Volk politisch.
Die politische Praxis großer Kirchengebiete wird heute eingefangen mit der Formel »Option zugunsten der Armen«. Dies bedeutet, dass die Opfer einer ungerechten Verteilung der Lebenschancen »Arme« genannt werden. Das Wort »arm« bedeutet aber in der Bibel nicht nur Opfer von Ungerechtigkeit, zumal jener Ungerechtigkeit, die einer erleidet, weil er nicht von seinem Gott ablässt. Der Arme ist in Israel zumeist nicht nur wirtschaftlich unterdrückt, sondern auch religiös verfolgt. Das Wort »arm« dient aber auch zur schmückenden Bezeichnung eines Menschen, der seine Endlichkeit annehmen kann und gelernt hat, sein Leben allein aus der Hand Gottes entgegenzunehmen. Deshalb sind »die Armen im Geiste«, die »arm sind vor Gott« (Mt 5,3), selig.[20] So sind, zumal in der innerkirchlichen Debatte, andere Wörter – »Unterdrückte«, »Ausgebeutete« – besser geeignet, die Zielrichtung der politischen Praxis der Kirche anzuzeigen.

Sehnsucht nach Gerechtigkeit

Die Sehnsucht nach einer gerechteren Verteilung der Lebenschancen wächst in der heutigen Menschheit, immer mehr Menschen werden von ihr gepackt. Dies hat seinen Grund darin, dass ein Meer von Ungerechtigkeit heute das Überleben der ganzen Menschheit bedroht.
Die Liste an Ungerechtigkeiten ist lang:
– Die reichen Länder werden auf dem Rücken der Armen immer reicher: Heute schon verfügen die 20 % Reichen der Erde über 80 % der Lebensmittel. Viele Formen der Entwicklungshilfe sind nur verschleiernde Formen der Umleitung von Reich-

tum aus den so genannten Entwicklungs- oder Schwellenländern in die »Helferländer«. In diesen Themenkreis gehört die verbrecherische Veruntreuung längst zu knapper Lebensmittel durch den Wahnsinn der Hochrüstung. Frieden und Gerechtigkeit erweisen sich als fest verwoben.

– Die Lebenschancen zwischen Frauen und Männern sind (in Gesellschaft und Kirche) ungerecht verteilt. Nicht nur bei uns ist dies der Fall. Weltweit wird dies vermutlich die Soziale Frage dieser Jahrzehnte sein. Es gibt eine bei uns weithin verschwiegene sexuelle Ausbeutung von Frauen, und zwar nicht nur in der Werbung. Vielmehr reisen gerade aus den ökonomisch starken Ländern Reisegruppen in die armen Regionen und verwenden ihren wirtschaftlichen Vorsprung zum sexuellen Geschäft mit wirtschaftlich Abhängigen. Sexploitation (also: Sex-Ausbeutung) geschieht.

– Ungerecht verteilt sind die Lebenschancen zwischen den Rassen. In Südafrika haben beispielsweise die Schwarzen in den zwangsweise errichteten Homelands eine durchschnittliche Lebenserwartung von 45 Jahren, die Weißen hingegen von 70 Jahren. An den Universitäten sind drei Viertel Weiße, obwohl die Weißen nur einen Bevölkerungsanteil von 16 % haben. Rassistische Momente weist auch die Behandlung von Gastarbeitern und Asylanten bei uns auf.

– Ungerecht verteilt sind die Lebenschancen zwischen den Generationen, zwischen den Jugendlichen in und nach der Ausbildung und den Erwerbstätigen, zwischen der heutigen und der kommenden Generation, zwischen den Geborenen und den Ungeborenen.

– Ungerecht verteilt zu Gunsten des Menschen sind die Lebenschancen zwischen den vielfältigen Lebewesen auf der einen Erde. Der Mensch, der sich selbst in die Mitte der Schöpfung gestellt und jegliche Verantwortung gegenüber Gott aufgege-

ben hat, hat aus einer zu schonenden Mitwelt eine ausbeutbare Umwelt gemacht.
Auf diesem Weg sind wir Menschen allerdings dabei, unsere eigenen Lebensgrundlagen zu zerstören.
– Ungerecht verteilt sind die Lebenschancen zwischen den Arbeitsplatzbesitzern und den Arbeitsplatzlosen selbst in unseren reichen Ländern. Die Frage stellt sich immer dringlicher, ob uns nicht die Arbeit ausgeht. Wie soll dann aber der über Industrieroboter erwirtschaftete gesellschaftliche Reichtum verteilt werden, wenn die Verteilung nicht mehr über gesellschaftlich verwaltete Arbeit laufen wird? Wird ein Grundeinkommen ohne Arbeit kommen?
– Ungerecht verteilt sind die Lebenschancen auch auf Grund der Religion: Gläubige Christen haben in vielen Ländern des realen Sozialismus, aber auch in westlichen Diktaturen schlechte Lebenschancen.
– Die Liste lässt sich noch weiter fortsetzen, wenn wir die Formen der kulturellen Verarmung zumal der Menschen in den reichen Ländern hinzunehmen. Es sind viele, die es sich gefallen haben lassen, im Prozess von Produktion und Konsumption auf ein Bündel steuer- und befriedigbarer Bedürfnisse reduziert zu werden.
– Viele leiden an einer notorischen »Arbeitslosigkeit der Seele«. Sie haben viel und sind menschlich wenig: arm.
– Ungerecht sind immer noch, auch bei uns, die Bildungschancen der verschiedenen sozialen Schichten. Immer noch haben Kinder der oberen Mittelschicht und der Oberschicht weit mehr Bildungs- und damit verknüpft auch kommende soziale Lebenschancen als die Kinder von Arbeitern.
– Opfer einer ungerechten Verteilung der Lebenschancen sind aber auch alle, die in unserer leistungsgetrimmten Gesellschaft durchfallen: Alte, Kinder, Schwache, Kranke, Behinderte.

Wieder kann gezeigt werden, dass die Kirche, wenn sie wahrhaft Volk jenes Gottes ist, mit dem uns die Bibel bekanntgemacht hat, ein Hoffnungsort sein kann für die vielen Opfer einer ungerechten Verteilung der Lebenschancen. Dadurch, dass wir als Kirche an diesem Gott uns ausrichten, lassen wir ihn nicht nur »vorkommen« (machen also dem Gottesgerücht »Beine«), sondern werden so auch Hoffnungspotenzial in einer an einem Meer von Ungerechtigkeit leidenden Menschheit.

(a) Himmelschreiende Sünde

Die Frage ist also zunächst wieder, mit was für einem Gott die biblischen Glaubenstexte uns bekannt machen. Die Antwort lautet: Es ist ein Gott, der den Schrei der Unterdrückten vernimmt, der ein »Ohr« für sie hat, und für den Fall, dass diese unter den Menschen keinen Anwalt finden, sich selbst für sie stark machen wird, um sie aus der Unterdrückung zu befreien. Die traditionelle europäische Schultheologie hat dieses biblische Wissen gesammelt unter der Überschrift der »himmelschreienden Sünde«. Sie hat in diesem Begriff längst eine europäische Befreiungstheologie gelehrt, deren gesellschaftliche Auswirkungen freilich wegen der sich ausbreitenden Verinnerlichung und Jenseitsverflüchtigung der biblischen Botschaft bei uns immer geringer wurden.
Wir sehen die wichtigsten Texte an, in denen solche »himmelschreiende Sünden« verhandelt werden.

> »Der Herr sprach:
> Ich habe das Elend meines Volkes in Ägypten gesehen,
> und ihre laute Klage über ihre Antreiber habe ich gehört.
> Ich kenne ihr Leid.

Ich bin herabgestiegen,
um sie der Hand der Ägypter zu entreißen
und aus jenem Land hinaufzuführen
in ein schönes, weites Land,
in ein Land, in dem Milch und Honig fließen,
in das Gebiet der Kanaaniter, Hetiter, Amoriter, Perisiter,
Hiwiter und Jebusiter.
Jetzt ist die laute Klage der Israeliten zu mir gedrungen,
und ich habe auch gesehen, wie die Ägypter sie unterdrücken.
Und jetzt geh!
Ich sende dich zum Pharao.
Führe mein Volk, die Israeliten, aus Ägypten heraus!«
(Ex 3,7–10)

– Gezeigt wird in diesem Text in bildhafter Rede ein Gott, der in Berührung ist mit dem Leid seines Volkes. Der Urtext ist stärker als unsere Einheitsübersetzung: »Gesehen, ja gesehen habe ich«; »gehört, ja gehört habe ich.« Und vor allem: Ich »kenne« ihr Leid. Verwendet wird hier das gleiche Wort »erkennen« wie in dem Satz »Adam erkannte seine Frau und sie gebar ihm einen Sohn« (Gen 4,1). Gott ist »intim« mit dem Leid seines Volkes.
– Mit markanten Begriffen wird das Leid des Volkes gefasst. Die Rede ist von Unterdrückung. In einem späteren Kapitel (Ex 22,20) werden auch die Wörter »ausbeuten« und »ausnützen« verwendet. Das Vokabular klingt für unsere Ohren »marxistisch«. Aber das heißt doch nur, dass uns Christen das biblische Vokabular fremder ist als den Marxisten! Gehört es zur historischen Rolle des Marxismus, die biblische Sprach- und Analysetradition für uns bürgerlich-liberale Christen aufgehoben zu haben? Dass Karl Marx dieses Sprachspiel kannte, überrascht

nicht, er kam selbst aus der jüdischen Tradition. Wegen seiner Enttäuschung über das sozial missbrauchbare pietistische Christentum hat er freilich diese biblische Tradition in einen antiklerikal-atheistischen Kontext eingebaut. Wir Christen, die wir heute wieder ein besseres Verhältnis zu den biblischen Traditionen haben, können aber leicht diese analytische Sprache im ursprünglichen Umkreis des Gottesglaubens verwenden.

– Die Bibel macht uns bekannt mit einem Gott, der widerständig ist gegen die Unterdrückung der Menschen durch Mächtige und Reiche. Gott erweist sich als parteiisch. Er optiert zugunsten der Armen. Wir finden ihn auf der Seite der Ausgebeuteten, der Unterdrückten. Und weil er sich stark macht (indem er Mose beruft und sein Volk herausführt), wird er in einem ursprünglichen Sinn dieses Wortes »politisch«: wirksam für eine gerechtere Verteilung der Lebenschancen.

> »Einen Fremden sollst du nicht ausnützen
> oder ausbeuten,
> denn ihr selbst seid in Ägypten Fremdlinge gewesen.
> Ihr sollt keine Witwe oder Waise ausnützen.
> Wenn du sie ausnützt und sie zu mir schreit,
> werde ich auf ihren Klageschrei hören.
> Mein Zorn wird entbrennen,
> und ich werde euch mit dem Schwert umbringen,
> so dass eure Frauen zu Witwen und
> eure Söhne zu Waisen werden.«
> (Ex 22,20-22)

– Gott ist Anwalt derer, die sozial schwach sind, weil sie nicht auf einem familiären Lebensort wohnen, der geschützt ist: also der Witwen und Waisen. Dazu kommen die stets schutzbedürftigen Fremden, die Asylanten und Gastarbeiter.

Auf Grund dieser ersten biblischen Texte steht fest, dass Gott nicht neutral ist gegenüber dem Unrecht, das zwischen Menschen geschieht. Dabei ist zu beachten, dass die Sünde, die zum Himmel schreit, stets eine soziale Sünde ist, eine Sünde, die sich in Unrechtsstrukturen äußert und die Lebenschancen von Menschen niederhält bzw. niedertritt. Deshalb schreit der Mord des Bruders Abel durch Kain zum Himmel (Gen 4,10). Dieses Thema beherrscht das Buch des Propheten Amos. Dort werden das Gottesverhältnis des Menschen (sadik = Gottesgerechtigkeit) und das zwischenmenschliche Verhältnis (mischpat = Menschengerechtigkeit) zueinander in Beziehung gesetzt. Amos: Ohne Gerechtigkeit zwischen den Menschen kann der Mensch vor Gott nicht gerechtfertigt sein. Dabei ist es die Berufung des Volkes Israel, den Gerechtigkeitssinn Gottes durch eigenes gerechtes Handeln sichtbar zu machen.

> »Der Herr hat Himmel und Erde gemacht,
> das Meer und alle Geschöpfe;
> er hält ewig die Treue.
> Recht verschafft er den Unterdrückten,
> den Hungernden gibt er Brot;
> der Herr befreit die Gefangenen.
> Der Herr öffnet den Blinden die Augen,
> er richtet die Gebeugten auf.
> Der Herr beschützt die Fremden
> und verhilft den Waisen und Witwen zu ihrem Recht.
> Der Herr liebt die Gerechten,
> doch die Schritte der Frevler leitet er in die Irre.«
> (Ps 146,5-9)

(b) Jesu befreiende Praxis

Jesus setzt die Praxis Gottes, wie sie im Alten Testament beschrieben ist, fort. Dies zeigt schon seine »Primizpredigt«, also die Rede in der Synagoge von Nazareth, die Lukas verwendet, um Jesu Wirken programmatisch anzukündigen:

> »So kam er auch nach Nazareth,
> wo er aufgewachsen war,
> und ging, wie gewohnt,
> am Sabbat in die Synagoge.
> Als er aufstand, um aus der Schrift vorzulesen,
> reichte man ihm das Buch des Propheten Jesaja.
> Er schlug das Buch auf und fand die Stelle, wo es heißt:
> Der Geist des Herrn ruht auf mir,
> denn der Herr hat mich gesalbt.
> Er hat mich gesandt,
> damit ich den Armen eine gute Nachricht bringe;
> damit ich den Gefangenen die Entlassung verkünde
> und den Blinden das Augenlicht;
> damit ich die Zerschlagenen in Freiheit setze
> und ein Gnadenjahr des Herrn ausrufe.
> (Jes 61,1 f + 29,18 + 58,6)
> Dann schloss er das Buch,
> gab es dem Synagogendiener und setzte sich.
> Die Augen aller in der Synagoge waren auf ihn gerichtet.
> Da begann er, ihnen darzulegen:
> Heute hat sich das Schriftwort, das ihr eben gehört habt, erfüllt.«
> (Lk 4,16-20)

Verdichtet wird Jesu angekündigte befreiende Praxis im alten Rechtsinstitut des »Gnadenjahrs des Herrn«. Gott hatte ja sein Volk in ein Land geführt, in dem jeder genug zum Leben fand, randvoll von Leben (was ausgedrückt ist in den matriarchalen Lebensbildern von Milch und Honig). Gott gab seinem Volk auch die Lebensweisungen der Gebote, deren Sinn einzig darin besteht, das Volk im Umkreis dieses befreienden Gottes zu halten und sie dadurch frei zu machen, die Lebenschancen der anderen zu beachten (die der alten Eltern, das physische Leben, den Ruf, den unentbehrlichen Lebensort der Ehe und Familie, das Eigentum). Freilich, auch in Israel haben sich nach und nach ungerechte Verteilungsverhältnisse eingeschlichen, welche die anfangs von Gott geschaffene Gerechtigkeit für alle zerstört haben. Dagegen stand nun das Rechtsinstitut des Gnadenjahrs des Herrn. Eingeleitet wurde es dadurch, dass ein langes Horn (Jobel) geblasen wurde. Alle 50 Jahre sollte es stattfinden mit dem Ziel, die ursprünglichen gerechten Verhältnisse wiederherzustellen. Schulden wurden getilgt, Land musste zurückerstattet werden.

Jesus nimmt nun für sich in Anspruch, dass er selbst in Person dieses Gnadenjahr des Herrn ist. Er stellt unter Menschen Verhältnisse her, wie sie der Absicht seines Gottes entsprechen: Gerechtigkeit für alle, was eine gute Nachricht gerade für die Armen ist, für die Gefangenen und Zerschlagenen, die ihrer Freiheit beraubt sind.

Wie sehr Jesus dieses sein Programm der Befreiung einlöst, zeigen seine Taten. In ihm ist das Jobeljahr ein für allemal angebrochen.[21] Die vielen Wunder sind allesamt befreiende Übergänge von Todeserfahrungen zu mehr Leben: aus der Krankheit, aus dem Tod, aus der sündigen Isolation hin zu einem Leben als freier Mensch inmitten des Volkes. Die Menschen in die Lebensgemeinschaft des Volkes zurückzuführen, war ein Grundanliegen Jesu.

Verdeutlichen wir uns das am Beispiel der biblischen Erzählung von der Heilung eines Aussätzigen (Mt 8,1–4), zusammen mit der »Exegese«, die eine mittelalterliche Darstellung von dieser Erzählung gibt.

– Jesus kommt vom Berg: Matthäus erinnert dabei an den Berg Sinai, auf dem Gott seinem Volk die Weisungen für das Leben in Kanaan gegeben hat. So wie nun Mose von Gott her zum Volk kommt, so auch Jesus. Was er tut, ist Gottesauslegung. In ihm, in der Art, wie er begegnet, wird Gottes Art, mit uns Menschen umzugehen, sichtbar. Jesus ist Gottesauslegung schlechthin.
– Jesus liegt an der Begegnung mit dem Aussätzigen (und umgekehrt). Der Aussätzige galt zur Zeit Jesu als sozial tot. In der Tat, die Lebenslage des Aussätzigen war gekennzeichnet durch tödliche Entbehrungen: an Zuwendung, an schöpferischer Freiheit, an Zugehörigkeit.
– Jesus meidet nicht den Tod. Er hat keine Berührungsangst. Und dies wider die damals geltenden Gesetze, die ja Begegnung mit einem Aussätzigen verboten haben. Um des Menschen willen wird er zum »Gesetzesbrecher«: weil das oberste Gesetz Gottes Leben heißt.[22]
So fasst er in das Elend hinein, sieht den Aussätzigen an, gibt ihm Zuwendung und schafft schöpferisch (»streckte die Hand aus« ist in der Schöpfungsgeschichte das Bild für die Weltschöpfung) die Voraussetzungen dafür, dass der Aussätzige (nunmehr auch körperlich rein) wieder im Volk mitleben kann. Jesus befreit also den Aussätzigen aus seiner tödlichen Lage. Übergang von Tod zu Leben geschieht. Dafür setzt die Bibel das Glaubensbild von der Auferweckung. Die Heilung des Aussätzigen ist eine Ostererzählung.

(c) Befreiende Kirchenpraxis
Diese befreiende Grundhaltung Jesu ging auf die von ihm gesammelte Bewegung, die Kirche, über.
Ein sprachlich hartes Beispiel für das Wissen um die »himmelschreiende Sünde« finden wir im Jakobusbrief:

»Ihr aber, ihr Reichen,
weint nur und klagt über das Elend,
das euch treffen wird.
Euer Reichtum verfault,
und eure Kleider werden von Motten zerfressen.
Euer Gold und Silber verrostet;
ihr Rost wird als Zeuge gegen euch auftreten
und euer Fleisch verzehren wie Feuer.
Noch in den letzten Tagen sammelt ihr Schätze.
Aber der Lohn der Arbeiter,
die eure Felder abgemäht haben,
der Lohn, den ihr ihnen vorenthalten habt,
schreit zum Himmel;
die Klagerufe derer, die eure Ernte eingebracht haben,
dringen zu den Ohren des Herrn der himmlischen Heere.«
(Jak 5,1–4)

Diese sozialkritische Tradition wurde in der Kirche nie vergessen. Die soziale Praxis der Kirche und ihre sozialen Lehren belegen dies. Doch kann nicht geleugnet werden, dass in der jüngeren Geschichte unserer europäischen Kirche das soziale Bewusstsein geringer wurde. Das Interesse der Kirche galt mehr der Innerlichkeit und dem Jenseits, Gott und der Seele, und mehr dem Leben nach als vor dem Tod.
Dagegen ist in der Weltkirche heute eine mächtige Gegenbewegung entstanden, die sich als Praxis der Befreiung, als Praxis der Kirche im Kontext der Unterdrückung versteht. Theologisch reflektiert wird diese Praxis der Befreiung, die wir vor allem in der »Südkirche« (Lateinamerika, [Süd-]Afrika[23], Südostasien, Philippinen[24]) finden, in der Theologie der Befreiung. Diese hat inzwischen, durch einen beispiellos engagierten Dialog zwischen der Kirche Brasiliens und Roms, weltweite Wür-

digung und Anerkennung gefunden.[25] All diese Kirchen haben gelernt, dass sie gar nicht anders können, als eine »Option für die Armen« abzugeben, weil zuvor schon Gott selbst für die Armen, die Unterdrückten, optiert hat. Verweigert eine Kirche diese Schlüsselentscheidung, dann verweigert sie sich ihrem Gott. Eine dem Unrecht gegenüber neutrale Kirche wird atheistisch, gott-verlassen. Sie ist dann nicht mehr in der Lage, dem Gottesgerücht Beine zu machen. Die Praxis vieler Südkirchen zeigt nun umgekehrt, dass gerade ihre Option zugunsten der Unterdrückten und Armen den Menschen nicht nur Hoffnung macht. In Erfüllung geht, was der Prophet Sacharja verheißen hat:

»So spricht der Herr der Heere:
In jenen Tagen werden
zehn Männer aus Völkern aller Sprachen
einen Mann aus Juda an seinem Gewand fassen,
ihn festhalten und sagen:
Wir wollen mit euch gehen;
denn wir haben gehört: Gott ist mit euch.«
(Sach 8,23)

Elemente einer neuen politischen Kultur

Die Verknüpfung von Mystik und Politik ist vielen gelernten Katholiken ungewohnt und ungeheuerlich. Wenn der Erzbischof von Salzburg die Betroffenheit von jungen Müttern über die Lebensbehinderung ihrer kleinen Kinder auf Grund der Atomkatastrophe von Tschernobyl weitergibt, schreibt ihm sein Amtskollege aus Regensburg einen kühlen Brief und wirft ihm der Bayerische Ministerpräsident Amtsmissbrauch vor. Kirche soll nicht stören, so sagen zumal die Mächtigen. Sie soll sich heraushalten. Und Bischöfe, die um den inner-

kirchlichen Harmoniefrieden besorgt sind (und nicht merken, wie unbiblisch dieser oft ist, weil er eher einer Friedhofsruhe gleicht und aus einem katastrophalen Mangel an Folgen des Evangeliums erwächst), versuchen ihrerseits, politische Themen nicht vorkommen zu lassen. Wer für die Kirche arbeitet, soll sich höchstens in seiner Freizeit mit Politik befassen. Zum kirchlichen Dienst zählt solches nicht.
Nun steckt in all diesen Bedenken ja auch ein gutes Stück Wahrheit. Es gibt Menschen in der Kirche, welche die Bibel als ein politologisches Handbuch verwenden möchten. Sie überspringen dabei (wie man sagt: fundamentalistisch, und lässt dabei den Vorwurf »irrational« und »träumerisch« mitschwingen) die komplizierten Sachverhalte. Wir haben dafür kein Plädoyer abgegeben. Bibel ist kein Ersatz für Sachkundigkeit. Das Gegenteil ist der Fall: Wer die Bibel verstanden hat, wendet sich eben nicht phantastischen Träumen, sondern dem Elend zu, das sehr konkret ist und schwer zu beheben. Aber selbst der Vorwurf, jemand sei nicht sachgerecht genug, ist noch einmal genauer anzusehen. Denn dieser Vorwurf, so berechtigt er sein mag, kann auch meinen, dass die Bibel eben doch keine Konsequenzen zeitigen soll für die politische Praxis der Christen.

Wir stellen abschließend einige Bausteine für eine »neue«, biblisch orientierte politische Kultur zur Diskussion.
– Christen, Kirchengemeinden, welche die Praxis Gottes verstanden haben, werden »intim« mit den vielen sichtbaren und verborgenen Leidensgeschichten. Typisch für Christen ist daher ihre Aufmerksamkeit. Sie sehen, sie hören, sie forschen, sie analysieren. Sie geben keine Ruhe, haben auch keine Berührungsangst mit dem Elend.
– Christen, welche die Praxis Gottes verstanden haben, wissen zwar nicht gleich, was sie zu tun haben. Aber an einem las-

sen sie keinen Zweifel: wo sie stehen. Sie haben eine Wahl, eine Option getroffen. Wir finden sie auf jeden Fall auf der Seite derer, die Opfer der vielfältigen ungerechten Verteilungen der Lebenschancen sind. Gewissenserforschung kann beginnen, wenn noch einmal die lange Reihe der Opfer erinnert werden soll: die armen Völker, die Frauen (und auch die Männer, die Opfer ihres eigenen Patriarchats sind), die Schwarzen, die Gastarbeiter, die Asylanten, die Ungeborenen, die kommende Generation, andere Lebewesen auf unserer Erde, die Arbeitsplatzlosen, die um des Glaubens willen Verfolgten, die Opfer des Konsumismus, jene, die an einer Arbeitslosigkeit der Seele leiden, die bildungsmäßig Benachteiligten, die vielen, welche in einer leistungsorientierten Gesellschaft durchfallen, weil sie nicht leistungsfähig genug sind, die Alten, die Kinder, die Schwachen, Kranken, Sterbenden, Behinderten. Dazu die Geschiedenen und die Alleinerziehenden. Jene schließlich, die in diesem Leben keinen Sinn mehr finden. Christen finden wir bevorzugt auf deren Seite.

– Zumal uns, die reich sind an Lebenschancen, wird diese Option nicht leicht fallen. Sollen wir aufhören, reich zu sein? Liebt denn Gott nicht auch die Reichen? Er liebt sie, aber er mutet ihnen, er mutet uns zu, mit ihm auf die Seite der Armen zu treten und – solidarisch mit ihnen – nach Wegen suchen, die zu einer gerechteren Verteilung der Lebenschancen für alle führen.

– Wenn unsere Kirche, wenn Christen solche politische Optionen treffen, sollen sie damit rechnen, dass dies unter den Armen Freunde schafft, während die Reichen und Mächtigen eine solche Wahl mit Argwohn verfolgen werden. Sie werden uns raten, wider unser Gewissen doch unpolitisch zu sein, uns herauszuhalten. Folgen wir diesem Rat nicht, werden sie uns verfolgen. Notfalls bis aufs Blut. Die Entscheidung für die Optionen Gottes kostet ihren Preis. Jesu Schicksal bezeugt dies.

Wider die Resignation in der Kirche

Die Versuchung des Jona

Die Jonageschichte ist wie ein Spiegel, in dem sich viele von uns heute wiedererkennen werden. Jona, so erzählt der unbekannte Lehrer, der die Geschichte verfasst hat, war von Gott ausersehen, in seinem Namen nach Ninive zu gehen, um dieser Stadt Umkehr und Heil zu predigen.

»Jona machte sich auf den Weg;
doch er wollte nach Tarschisch fliehen,
weit weg vom Herrn.«
(Jona 1,3)

Gott aber holt ihn ein, schickt ihn neuerlich nach Ninive. Die Stadt bekehrt sich tatsächlich, was Jona stört, weil er meint, Gott dürfe die verderbte Stadt nicht verschonen. Eben dies war Gottes erklärte Absicht mit Jona, die große Stadt der Menschen zu retten:

»Mir aber sollte es nicht leid sein um Ninive,
die große Stadt,
in der mehr als hundertzwanzigtausend Menschen leben,
die nicht einmal rechts und links unterscheiden können
– und außerdem so viel Vieh?«
(Jona 4,11)

Die Versuchung vieler enttäuschter Kirchenmitglieder ist, wie bei Jona, die Flucht vor der von Gott gegebenen Berufung. Zwar haben wir heute andere Gründe zu fliehen als Jona in der Lehrerzählung. Jona neidete Ninive das Heil, wir hingegen lassen uns durch innerkirchliche Vorgänge von unserer Berufung abbringen. Das Ergebnis der Flucht hat sich hingegen nicht geändert: Ninive ist neuerlich in Gefahr, dass die rettende Botschaft Gottes zumindest durch uns nicht mitgeteilt wird. Denn wenn wir resignieren und emigrieren, ist ohne uns die Kirche ärmer und weniger handlungsfähig.

Deshalb ist Widerstand gegen die inneren Fluchttendenzen gefordert. Dieses Anliegen hat Anfang 1989 auch der Wiener Kardinal König vertreten. Er ersuchte die Christen eindringlich: »Bleibt eurer Kirche und eurem Glauben treu!«[26]

Die vielen Gesichter der Flucht

Die Versuchung zur Flucht, zur Resignation und Emigration hat vielfältige Gesichter.

Einige wollten sich von der Kirche längst formell zurückziehen. Soziale Rücksichten (auf die Familie, die Kinder, aber auch Freunde, Verwandte, das Dorf) haben sie aber noch daran gehindert. Nur unwillig zahlten sie ihren Kirchenbeitrag, manchmal erst nach Mahnung oder Exekution, was ihr Verhältnis zur Kirche nur noch mehr störte. Aber sie fanden es zugleich spießbürgerlich, inmitten des Wohlstands um des Geldes willen auszutreten. Jetzt aber spielt ihnen der Zufall über innerkirchliche Vorgänge ein willkommenes Alibi ins Haus. Es ist ein anständiger Zeitpunkt, das Nichtverhältnis zur Kirche zu veröffentlichen.

Daneben sind andere, die sich in den letzten Jahren eifrig in der Kirche engagiert haben, aus Überzeugung, einem Pfarrer zuliebe, weil ihnen eine pfarrliche oder andere kirchliche Gemeinschaft zusagte. Vielleicht haben sie über ihre zu kleine private Lebenswelt hinaus nur eine sinnvolle Aufgabe gesucht. Nicht wenige haben sich dabei übernommen. Neben Beruf und Familie wurde ihnen das viele Engagement in der Kirche zu viel. Sie erleben sich heißgelaufen. Zur Abkühlung haben sie Abstand nötig. Wieder sind die Ereignisse willkommen, sich zurückzuziehen, ohne das Gesicht zu verlieren.

Eine weitere Gruppe macht einen trennscharfen Unterschied zwischen dem, was Jesus wollte, und der real existierenden Kirche. Dem Evangelium wollen sie schon treu bleiben, aber nicht dieser einseitig ausgerichteten Kirche, sagen sie. Das Geld spiele keine Rolle. Im Gegenteil: Sie sind bereit, was sie an Kirchenbeitrag oder Kirchensteuer zahlen, einem anderen guten Zweck zuzuführen: jenen Kirchengebieten, wo die Kirche anders lebt und handelt, auf der Seite derer, die Gerechtigkeit und Freiheit suchen. Ihr Austritt sei ein befristeter Austritt, zum Protest unternommen, um die »Machthaber«, das neue Kirchenmanagement[27], an ihrer empfindlichsten Stelle zu treffen, nämlich beim Geld.

Von Fluchttendenzen bedroht sind auch jene, die sich – in schmerzlichen Vorgängen – innerlich zumal von den kirchlichen Autoritäten absetzen. Sie lernen vor allem in Fragen der Lebensführung selbstverantwortete Wege zu gehen, müssen damit aber den geistigen Einflussbereich einer Kirche verlassen, von der sie fürchten, dass ihr eigenständige Wege suspekt sind. Manche ziehen sich aus ihrer Pfarrgemeinde zurück und igeln sich in neueren Bewegungen oder in Basisgemeinden ein. Eine Art ungewollte Vertreibung von Leuten spielt sich ab: von aufgeschlossenen Studentinnen aus sich geistig schließenden Hochschulgemeinden, von Freiheitsverliebten aus »Kirchenräumen«, die von Ordnungsdenkern dominiert werden.

Nicht wenige schließlich schwimmen auf einer Meinungswoge mit, die – was kirchliche Ereignisse betrifft – aus Kopfschütteln, Befremden, Schadenfreude und manchmal auch beißendem Spott gemischt ist. Sie nehmen dabei nicht wahr, wie sie unmerklich aus dem vitalen Innenraum der Kirche hinausgeschwemmt und zu bequemen Voyeuren kirchlicher Flügelkämpfe werden. Man sitzt, immer mehr befremdet und entfremdet, bei Bier und Soletti, und folgt dem Kirchenspektakel wie einem Fußballspiel. Mit der schwelenden Sehnsucht des menschlichen Herzens nach dem lebendigen Gott hat beides nicht mehr viel zu tun, weder das Kirchenspektakel noch die satte Bequemlichkeit. Besser, weil biblischer, wäre es, wegen beidem das Gewand zu zerreißen, in Sack und Asche zu gehen, um die unheilbare Verwundung des menschlichen Herzens durch Gott wieder wahrzunehmen.

Wider das Jona-Syndrom

Wir waren davon ausgegangen, dass es bei vielen Kirchenmitgliedern Trauer, Resignation und die Versuchung zur Emigration nach innen oder nach draußen gibt. Wir haben die Hintergründe ausgeleuchtet, aus denen diese dämonischen Geister aufgetaucht sind. Zu viele von uns sind in Gefahr, der Versuchung zum lautlosen Auszug nachzugeben.

In dieser Situation fordere ich zum Widerstand auf: Gewiss auch zum Widerstand gegen unerfreuliche Entwicklungen. Genauso fordere ich auf zum Widerstand gegen den Auszug, zum Widerstand gegen das Jona-Syndrom. Zwar verstehe ich die Versuchung wegzugehen. Doch unterstütze ich sie nicht, sondern kämpfe gegen sie.

Wären wir, gingen wir weg, nicht vor Gott selbst auf der Flucht? Viele meinen, sie würden sich ja lediglich vor einer unwillkommenen Kirchenleitung zurückziehen, aber nicht vor Gott. Aber geht dies so einfach? Haben auch wir noch nicht begriffen, dass sich die Kirche nicht in ihrer Leitung erschöpft? Haben wir wirklich noch nicht mehr von unserer Kirchenberufung verstanden?

Dies ist meine gläubige Überzeugung: Nicht wir schaffen die Kirche, die für die Menschen wie die Leier in der Hand des Christus-Orpheus das Lied des Lachens, der Hoffnung und der Auferstehung erklingen lässt (Clemens von Alexandrien). Gott ist es, der sein Volk schafft (Ps 127). Er tut dies, indem er Menschen beruft, sie seinem Volk »hinzufügt« (Apg 2,47). Es sind immer einmalige und unvertretbare Frauen und Männer, junge und alte, die er beansprucht, damit sein Volk an Ort und Stelle lebt und handeln kann. Und allen, die er beruft, schenkt er Fähigkeiten, die die Kirche reich machen, die der wahre Kirchenschatz sind. Mehr als in für die Kirche günstigen Zeiten wird es morgen darauf ankommen, dass immer mehr Menschen ihre unvertretbare, von Gottes Geist gegebene und daher »geistliche« Kirchenberufung erkennen, annehmen und zum Wohl der Kirche ausspielen.

So kommen wir nicht umhin, uns die folgenden Fragen zu stellen:[28]

– Habe ich – vor Gott stehend – schon gefragt, was er nicht nur von mir, sondern mir will, damit seine Kirche lebt und handeln kann?

– Habe ich mein Adsum, Herr, da bin ich, schon gesprochen und damit meine Taufe persönlich eingeholt?

– Habe ich mich schon umgesehen, welche Fähigkeiten (Charismen) Gott mir zugunsten seiner Kirche gegeben hat?

– Was tue ich, um eigenverantwortlich diese meine Begabungen zu entfalten?

– Wie platziere ich meine Begabungen in der konkreten Kirche an Ort und Stelle: nicht in einer Wunschkirche, sondern in der

ganz konkreten, also mit den Personen, die wir uns nicht aussuchen können?
Wer sich diese Fragen einmal gestellt hat und aus den spirituellen Tiefen seines Herzens sein »Adsum« – jenes »Hier bin ich«, wie es die Kandidaten bei der Priesterweihe sprechen, wie es aber jeder »Berufene«, jeder Christ sprechen sollte – zum wahren Herrn der Kirche gesprochen hat, wird nicht flüchtig. Solche Kirchenmitglieder trauern zwar, klagen im kleinen Kreis und öffentlich, leisten als Christen mutig jenen Entwicklungen Widerstand, die sie nicht gutheißen können; sie verspüren die Versuchung zu Resignation und Emigration, wissen um ihre Schwäche, dass sie aus eigener Kraft der Versuchung nicht würden standhalten können: Aber sie vertrauen fest darauf, dass sie mit Gottes Kraft und Gnade bleiben werden. Sie hoffen, dass Gott sie aus ihren Emigrationsverstecken herausholen wird wie Jona aus dem Bauch des Walfisches, und dass der Ruf Gottes selbst nach der Flucht neuerlich an sie ergehen wird, weil unser Gott ein unbeirrbar treuer Gott ist (Dtn 32,6) und keinen aus seinem prophetischen Amt entlässt, den er einmal bei seinem Namen gerufen hat.
Ich traue Gott nicht zuletzt deshalb zu, dass er mit uns Flüchtern so umgehen wird, weil ihm nicht nur an Jona, sondern ebenso an »Ninive, der großen Stadt, in der mehr als hundertzwanzigtausend Menschen leben, die nicht einmal rechts und links unterscheiden können – und außerdem so viel Vieh« (Jona 4,11) liegt. Um der vielen Menschen in der Gesellschaft willen wird uns Gott an der Flucht hindern und, so hoffe ich, auch böse Kirchenentwicklungen zum Guten wenden.[29]

Widerstand gegen Resignation und Emigration ist aber nur die eine Seite, die aus der unvertretbaren Kirchenberufung erwächst. Widerstand gegen schädliche Kirchenentwicklung ist die andere Seite. Das Kirchenrecht kennt das Recht und die Pflicht von Gläubigen, ihre Meinung zu dem, was das Wohl der Kirche angeht, den geistlichen Hirten mitzuteilen und den übrigen Gläubigen kundzutun (CIC, c212 3).
Solcher Widerstand fällt gerade uns Christen nicht leicht. Er erfordert Christenmut[30], eine Tugend, die wir in unserer Kirchenzeit dringender denn je brauchen. Folgende Überlegungen können zur Entwicklung von Christenmut beitragen:
– Christenmut ist eine Tugend, eine Tauglichkeit. Wie alle Tugenden muss man Christenmut lernen.
– Wer Christenmut hat, kämpft nicht gegen andere, sondern für seine Überzeugung. Konkret besteht diese Überzeugung in einer Vision von der Kirche, die für möglichst viele bewohnbar und – weil in der biblischen Tradition begründet – annehmbar ist. Es ist die Vision von einer Kirche, mit der Gott in der Geschichte unterwegs ist und die durch seine Nähe ermächtigt ist zu einem geschwisterlichen Miteinander und zu einem dienenden Füreinander. Mystik, Geschwisterlichkeit und Politik sind Bausteine einer heute viele bewegenden Kirchenvision.[31]
– Wer Christenmut lernen will, muss sich darauf besinnen, was diesem entgegensteht: z.B. eine in unserer Kindheit erlernte falsche Gehorsamsbereitschaft. Wir passen uns (oftmals opportunistisch) an, um die Liebe der »Väter« und »Mütter« nicht zu verlieren. Wer Christenmut lernt, wird freier.
– Christenmut hat mehr Chancen, wenn sich gleichgesinnte Minderheiten solidarisieren, Dennoch: Keine Gruppe kann die

letzten Ängste des einzelnen Menschen aufheben. Es braucht daher die Fähigkeit, Einsamkeit auszuhalten. Für dieses Moment des Christenmuts sind spirituelle Ressourcen unverzichtbar. Der Christ wird mutig aus der unverbrüchlichen Auferweckungshoffnung; diese macht ihn (kirchen-)politisch weniger erpressbar.
– Wer aus Christenmut Widerstand leistet, muss mit der »Rückwelle« derer rechnen, die in ihren Vorteilen bedroht sind. Zu fragen ist dann: Was kann ich jetzt aushalten? Was ist mir und meinen Angehörigen zumutbar? Das jeweils persönliche Maß ist zu finden. Auch in einer Solidaritätsgruppe bestimmt der Einzelne, wie weit er mitgehen kann.
– Christenmutige handeln gewaltlos. Denn Gewalt mindert nicht nur Ungerechtigkeit nicht, sondern schafft immer auch neue. Gewaltlose ändern ihr Bewusstsein und ihr Handeln. Gewaltloses Handeln ist alles andere als In-Ruhe-gelassen-Werden, Sich-heraushalten, Schweigen.[32]
– Christenmut hat, wer nichts mehr werden muss oder will.
– Ein Element des Christenmuts ist die Höflichkeit. Es gilt, dem anderen die unbequeme Wahrheit so hinzuhalten, dass er in diese wie in einen Mantel hineinschlüpfen kann (Max Frisch).

Vision statt Resignation

Die einzige wirksame Gegenkraft gegen Resignation ist die Vision. Für den Christen ist sie der Traum Gottes von seiner Kirche: dass Spuren des Reiches Gottes unter uns Menschen wirklich werden. Gibt es in unserer Kirche, haben wir selbst ausreichenden Visionsvorrat?

Könnte es nicht sein, dass ein Wort aus dem Buch Samuel für unsere Kirche zutrifft:

»In jenen Tagen waren Worte des Herrn selten,
Visionen waren nicht häufig.
Eines Tages geschah es:
Eli schlief auf seinem Platz.
Seine Augen waren blind geworden,
und er konnte nicht mehr sehen.«
(1 Sam 3,1f)

Sind wir nicht wie Eli? Wir schlafen, blindgeworden, auf unserem Platz. Freilich, Eli hielt selbst in diesem Zustand auf seinem Platz aus. So konnte er dem noch gottunerfahrenen Samuel ausdeuten, dass es der Herr ist, der ihn ruft.
Was wir selbst für unser Leben und Wirken in unserer Kirche zumal in den Tagen der Trauer, der Resignation und der Versuchung zur Emigration brauchen, ist eine Kirchenvision, die uns trägt und bewegt. Zugleich wird eine solche Vision wie ein Kirchenspiegel für uns sein. Sie hilft uns, unser Gewissen zu erforschen.
Die profane Organisationsberatung[33] lässt keinen Zweifel daran: Eine Organisation ohne Vision ist ohne Zukunft. Gerät eine Organisation in eine Krise, dann hat dies zumeist mit dem Verlust einer bewegenden Vision zu tun. Die Folge ist, dass die Auflösung der Organisation verwaltet wird, was immer noch hohe Aktivität hervorruft. Aber ein zuversichtlicher Aufbruch in die Zukunft »droht« nicht.

Die Funktionen einer Vision

Visionen erfüllen in Organisationen mehrfache Aufgaben. Zumal in komplexen Zeiten wie den unseren, die durch Unübersichtlichkeit gekennzeichnet sind, haben Organisationen stets mehrere mögliche »Zukünfte« vor sich. Diese kann man sich in Szenarien ausmalen und so anschaulich machen. Dabei zeigt sich, dass die vielfältigen »Zukünfte« nicht in gleicher Weise auch wünschenswert sind. Es gibt erstrebenswerte und zu vermeidende. Eine erste Aufgabe von Visionen ist es, zwischen unerwünschten und wünschenswerten »Zukünften« unterscheiden zu lernen. Diese Unterscheidung berührt unmittelbar das, was heute in einer Organisation geschieht. Denn in der Gegenwart werden die Weichen für die Zukunft gestellt.

Die Vision weist aber nicht nur den Weg in eine wünschenswerte Zukunft, sondern gibt auch den verbindlichen Maßstab ab, ob die gegenwärtige Entwicklung auf diese hinführt. Anders ausgedrückt: Die Vision trägt kritische Kraft in sich. Kritik erklärt sich dabei vom griechischen krinein = unterscheiden. Kritik macht erkennbar, welche Wege nicht zukunftsträchtig sind. Organisationen, die keine Zukunft haben, entbehren daher nicht nur der Visionen, sondern auch einer entsprechenden Kritik. Auch der Mangel an Kritik in einer Organisation ist somit Hinweis auf ihre Zukunftsschwäche.

Die dritte Funktion einer Vision ist, dass sie einen »Vorwärtsdrang« auslöst. Sie »mobilisiert die emotionalen und geistigen Ressourcen der Organisation, ihre Werte, ihr Engagement und ihren Erwartungshorizont«[34]. Damit eine Vision dieses zu bewirken vermag, muss sie allerdings eine »bewohnbare Vision« sein: Die Mitglieder der Organisation müssen sich sehr anschaulich vorstellen können, welchen Platz sie in der erwünschten Zukunft einnehmen möchten. Dann und erst dann werden sie persönliche Ressourcen (Zeit, Phantasie, Energie, Geld etc.) freizusetzen bereit sein, um die erwünschte Zukunft der Organisation herbeizuführen.

Wer in einer Organisation solche Visionen hat, wer die Aufmerksamkeit der Mitglieder auf sie ziehen kann, wer sie durch geeignete Kommunikation also bis in die letzten Winkel der Organisation gegenwärtig setzt, übt Führung aus. Von solcher Führung zu unterscheiden ist Management, Verwaltung des Bestandes. Die Organisationskunde bezieht diesbezüglich klare Positionen: »Das Problem vieler Organisationen – insbesondere jener, die scheitern – besteht darin, dass sie zuviel verwaltet und zuwenig geführt werden. Die tägliche Routine mag bei ihnen wie am Schnürchen ablaufen, doch stellen sie nie in Frage, ob diese Routine überhaupt sinnvoll ist. Es besteht ein profunder Unterschied zwischen Management und Führung; beides ist wichtig. Managen bedeutet bewirken, herbeiführen, die Leitung oder Verantwortung übernehmen. Führen heißt beeinflussen, die Richtung und den Kurs bestimmen, Handlungen und Meinungen steuern. Die Unterscheidung ist wesentlich. Manager machen die Dinge richtig, Führende tun die richtigen Dinge. Der Unterschied drückt sich einerseits in Aufgaben aus, die Zukunftsperspektiven und Urteil erfordern, sprich Effektivität, andererseits in Tätigkeiten, bei denen es darum geht, Routineabläufe zu beherrschen, sprich Effizienz.«[35] Führung kann in diesem Kontext knapp definiert werden als Diffusion von Vision in einer Organisation. Organisationen, die in Krise sind, leiden an einem Mangel an »visionsorientierter« Führung bzw. am Mangel einer Führung, die selbst an Visionsmangel krankt.

Eine bewohnbare Kirchenvision

Aus all diesen Überlegungen wird klar, dass eine überlebensfähige Organisation einen hohen Visionsbedarf und den Bedarf nach einer visionsorientierten Führung hat. Die Kirche macht da keine Ausnahme. Auch sie hat Zukunft, wenn sie von einer Vision getragen wird. Dieser Satz ist keineswegs a-theistisch und liefert nicht die Zukunft der Kirche den Klugen dieser Welt aus. Vielmehr ist es das Herzstück einer traditionsgestützten Kirchenvision, dass Gott selbst der Bauherr der Kirche ist. Die Bauleute bauen vergeblich, wenn der Herr nicht das Haus baut (Ps 127). Nach einer die Kirche heute bewegenden Vision zu fragen, ist somit identisch mit der Frage, was Gott mit seinem Kirchenvolk heute im Sinn hat, damit die Menschen Hoffnung und Zukunft haben (Jer 29,11). Anders: Wer nach einer bewegenden Kirchenvision aus ist, fragt nicht: Wie geht es mit unserer Kirche weiter?, sondern: Wie geht Er, unser Gott, mit seinem Volk weiter? Was sind seine Ansprüche und Optionen für uns, sein Volk?

Zuwege zur Kirchenvision

Die Antwort auf diese Grundfrage nach der Berufung der Kirche von heute lässt sich finden, wenn wir zwei Texte ineinander lesen: die alten Gründungstexte der Bibel, die in unverbrauchter Weise Gottes reuelose Absichten enthalten, sowie den Text heutigen Lebens. In vorbildlicher Weise hat das Zweite Vatikanische Konzil in seinen Hauptdekreten eine solche Kirchenvision für den »heutigen Tag« (aggiornamento bedeutet Verheutigung, nicht Anpassung) formuliert. Diese Vatikanische Kirchenvision geht davon aus, dass Gott kein desinteressierter

Weltbaumeister ist, der sich seit den Tagen der Schöpfung aus der Geschichte heraushält. Er ist vielmehr »Immanuel«, Gott mit uns (Mt 1,23). Er ist der Gott der Geschichte, was bedeutet, dass wir aus der Geschichte, wie sie stattfindet, etwas über Gottes Absicht mit der Schöpfung heute erfahren. Es gilt, Gottes Spuren auch in der Geschichte aufzuspüren. »Freude und Hoffnung, Trauer und Angst der Menschen von heute, besonders der Armen und Bedrängten aller Art«,[36] werden so zur Lesehilfe für Gottes Absichten mit unserer Kirche in einer immer mehr eins werdenden Welt.[37] Auf den folgenden Seiten skizziere ich knapp und verdichtet[38] Bausteine für eine viele bewegende Kirchenvision.

Das Gerücht von Gott wachhalten

Dies ist das erste und zentrale Element einer bewohnbaren Kirchenvision: Es ist die Mystik, die als Gottesverwurzelung übersetzt werden soll. Wenn heute ein Christ – nach alter rabbinischer Tradition in der kurzen Zeit, auf der er es vermag, auf einem einzigen Bein zu stehen – sagen sollte, was die unverzichtbare Berufung der Kirche ist, dann könnte er sagen: zugunsten der Menschen das Gerücht von Gott wachzuhalten, oder ein wenig anders formuliert: das Gerücht von einem Gott der Menschen wachzuhalten.

Gerücht meint hier – wie im Althochdeutschen – das Herausgerufene, das Herausgeschrieene. Das althochdeutsche »geruafte« besagt, dass der, welcher etwas herausschreit, in Not und Todesgefahr ist. Das Gerücht von Gott ist somit ein »soteriologisches Wort«, ein Rettungswort. Gott für jene Menschen in Erinnerung zu halten, die in Not und Todesgefahr sind und nach Rettung schreien.

Ein alttestamentlicher Volk-Gottes-Text unterstützt uns, wenn wir die Grundberufung der Kirche mit der Formel »Das Gerücht von Gott wachhalten« einfangen. Dem Restvolk Juda wird vom Propheten Sacharja um das Jahr 520 in einer hoffnungsarmen Zeit Israels folgendes Hoffnungswort von Jahwe mitgeteilt:

»In jenen Tagen
werden zehn Männer
aus Völkern aller Sprachen
einen Mann aus Juda
am Gewand fassen,
ihn festhalten
und sagen:
Wir wollen mit euch gehen;
denn wir haben gehört:
Gott ist mit euch.«
(Sach 8,23)

Hoffnung macht, dass etwas zu hören ist: Eine Kunde verbreitet sich über Juda hinaus zu den Heiden. Wir erinnern uns – es ist schon die messianische Einlösung der Verheißung des Sacharja – an die Einleitung zum öffentlichen Wirken Jesu bei Lk 4,14: »Die Kunde davon verbreitete sich im ganzen Land.« Diese Kunde, dieses Gerücht, das sich wie ein Lauffeuer verbreitet, bringt »Heiden« auf die Beine. Sie machen sich auf, um einen Israeliten am Gewand zu fassen, festzuhalten und zu sagen: Wir wollen mit euch gehen. Das dezimierte Israel wird also wieder aufgefüllt. Und dies nicht, weil Israel hinter den Heiden her ist; nicht weil es über eine so gute Fernstehendenpastoral verfügt. Der Grund ist einfach: Wir haben gehört, Gott ist mit euch.

Pastoraltheologisch sind diese einfachen Sätze folgenschwer. Der Text unterstellt nämlich, dass die Heiden nicht hinter Juda, sondern hinter Gott her sind, den sie als mit Juda unterwegs wahrnehmen. Mit Juda haben sie nur insofern zu tun, als Juda jenes Volk ist, in dem sie Gott gegenwärtig vermuten. Kirche hat somit mit der Gottsuche der Menschen solidarisch zu sein. Nur eine Kirche, von der zu hören ist, »Gott ist mit euch«, nur sie allein wird Gottsuchende auf die Beine bringen. Alle anderen Bemühungen, Angebote, Strategien der Fernstehendenpastoral verlaufen ins Leere, wenn dieses mystische Fundament fehlt.

Die Grundlage dafür, dass die Heiden Juda am Gewand fassen und mit ihm ziehen wollen, sobald sie hören, Gott ist mit ihm, kann wiederum nur sein, weil sie insgeheim hinter Gott her sind. Die Theologie nennt dies den »Gottbedarf«, »Jungfräulichkeit« eines jeden Menschen. Jeder Mensch ist nicht nur »ex nihilo« (aus dem Nichts), sondern zugleich »ex amore« (aus Liebe) geschaffen. Wir sind Ausdruck der Liebe eines dreifaltig-beziehungsreichen Gottes, der sich an uns verschenken will (Weish 11, 24–26). Der Grund, warum es die Schöpfung und darin uns Menschen gibt, ist die Sehnsucht Gottes nach der Schöpfung und nach uns. Die Sehnsucht des Menschen nach Gott spiegelt diese Sehnsucht Gottes nach uns wider. Dies ist auch der Grund, warum Gott nicht ruht, bis er am Herzen der Schöpfung ruht, und warum der Mensch in seiner Mitte nicht eher zur Ruhe kommt als am Herzen Gottes selbst.

Diese Wahrheit vom Menschen heute in Erinnerung zu halten, das ist und bleibt Urberufung der Kirche. In Zeiten einer zugleich gottvergessenen und doch in einer neuen Weise gottsuchenden Kultur ist diese Aufgabe vordringlich. Kirche darf sich verstehen als Aufstand gegen die Gottvergessenheit heutiger Menschen. Sie ist zugleich berufen zur Solidarität mit der Suche der Menschen nach Gott selbst. Im Stil eines Kirchenspiegels sei eine Reihe theologisch begründeter Fragen gestellt:

Lebt unsere Kirche aus der Sehnsucht Gottes nach uns? Wie steht es um die Zärtlichkeit unserer Kirche im Umgang mit Gott: um Anbetung, Lobpreis, Klage und Notschrei, um Liturgie und Meditation, um Einkehr und Stille?

Was geschieht mit der von uns Christen geglaubten Gottessehnsucht aller Menschen in unserer gottvergessenen Kultur?

Stimmt es,
– dass viele (und insgeheim allzu oft auch wir Christen) ihre maßlose Gottessehnsucht festmachen an maßvollen Gütern: an Menschen, an der Macht, am Besitz?
– dass es deshalb eine tragische Lebenshast gibt, die dem Versuch entspringt, die maßlose Sehnsucht zu beruhigen durch das Aneinanderreihen vieler müßiger Erfahrungen?
– dass immer mehr, nach rastloser Jagd nach dem stets mäßigen Glück, anfangen, ihre maßlose Sehnsucht zu mäßigen und resignieren, sich einrichten im kleinen Unglück?
– dass schließlich die Zahl jener wächst, die entdecken, dass das Leiden an der stets größeren Sehnsucht Gottes »charmante« (= gnadenhafte) Art ist, sich bei den Opfern einer gottvergessenen Kultur nachhaltig in Erinnerung zu halten?
– dass wir also einer Zeit entgegengehen, in der die Suche nach dem wahren Geheimnis des Lebens wieder zunehmen wird?

Anzeichen dafür, dass wir auf neue, auf religiöse Zeiten zugehen, gibt es genug. Ist nicht zu erwarten, dass nach so langem

Gottes-Fasten unserer Kultur der Hunger nach Gott wiederkehrt?
Sind wir als Kirche für eine solche Zeit gerüstet? Sind wir als Kirche solidarisch mit der Suche von immer mehr Mitmenschen nach Gott? Sind wir zugunsten der Menschen aufständisch gegen die Gottvergessenheit unserer Kultur? Sind wir also als Kirche ein Ort, wo Menschen Gott suchen, noch mehr, wo sie lernen, dass Gott mit uns ist, längst bevor wir ihn suchen? Dass er immer schon das wahre Geheimnis unseres Lebens ist?
Wie aber können wir den Menschen heute glaubhaft machen, dass wir mit ihnen nichts anderes im Sinn haben, als sie – gewaltfrei! – auf der Suche nach Gott zu begleiten und mit ihnen die Frage stellen zu lernen, was Gott ihnen ganz unvertretbar in ihrem Leben zumutet?
Wie können wir vor allem die Menschen erfahren lassen, dass unter den Augen Gottes menschenwürdiges Leben eine gute Chance hat? Dass, wer sich in diesen Umkreis Gottes, in seinen Herrschaftsbereich begibt, der Kultur des Todes entrinnt und Zugang zu einer Zivilisation der Liebe gewinnt? Und als Voraussetzung dafür: Wie können die Menschen unserer Kirche morgen wieder besser abnehmen, dass wir in der Kirche Gott ernst nehmen?

Vom Segen der Mystik

Eine solche mystische Kirche, die mit den Menschen nach dem wahren Geheimnis ihres Lebens sucht, wäre ein Segen für unser Land. Steigt nicht die Zahl der Bürger, die unzufrieden sind mit jenen Auffassungen des Menschen, die uns im gesellschaftlichen Alltag zugemutet werden? Wie anders, größer, weniger erpressbar ist doch der Mensch, wenn er als gottbedürftig aufgefasst wird, als wenn er verkürzt wird

- auf ein Bündel steuer- und befriedigbarer Bedürfnisse in Produktion und Konsumption,
- auf einen verwaltbaren gläsernen Fall in der informatisierten Verwaltung,
- auf eine reparaturbedürftige Maschine in den herkömmlichen Krankenfabriken,
- auf Biomasse in manchen Strömungen der Gentechnologie,
- auf »Menschenmaterial« oder im schlimmsten Fall eines atomaren Verbrechens als »Megatote« in der Sprache des Militärs.

Nicht das Wort allein

Die Hauptfrage, die wir nunmehr weiterzuverfolgen haben, heißt: Wie lebt und handelt heute die Kirche, damit sie für die Bürger in diesem Land das Gerücht von Gott wachhält, also Aufstand ist gegen die Gottvergessenheit der Menschen? Wie kann sie dies vor allem glaubwürdig tun?

Manche setzen dazu auf eine Vermehrung der Gottesrede: Es soll über Gott geredet werden, vollständig, katechismusartig, durch gut trainiertes und absolut kirchenverlässliches katechetisches Personal. Die deutsche Kirche hat daher auch viele Katechismen gedruckt und verbreitet, hat eine mediale Offensive gestartet, damit mehr von Gott geredet wird. Die »Bekenntnisscheu« (Renate Köcher) der Katholiken müsse überwunden werden: Dann werde sich alles zum Besseren wenden.

Aber geht es wirklich um eine Vermehrung der Gottes-Rede, womöglich durch bezahlte Propheten? Was zählt deren Zeugnis? In wie vielen Schulstunden wird denn nicht von Gott geredet? Wie viele Medien »strahlen« Gott aus? Die Leute aber bleiben skeptisch. Zwei Drittel trauen dieser Gottesoffensive wenig. Die Priester würden anders reden, wären sie nicht von der Kirche bezahlt, sagten Bürger schon 1970.[39] Eine 17-Jährige sprach unlängst vom »Gottesgeschwätz«.[40] Dic Kirche ist leider heute in der prekären Lage, dass das Wort allein nicht überzeugt. Wir haben von Jesus zu lernen: »Glaubt mir doch, dass ich im Vater bin und der Vater in mir ist; wenn nicht, glaubt wenigstens aufgrund der Werke!« (Joh 14,11)

Am 23. Juni 1988 forderte Papst Johannes Paul II. die Kirche in Österreich auf, »sofort mit der Wegbereitung Gottes neu zu beginnen«. Dazu sollten nicht Worte gemacht werden, sondern: »Räumt die Hindernisse aus, die dem Glauben an Gott in unseren Tagen entgegenstehen! Schafft Bedingungen, die den Glauben erleichtern! Sucht vom Vertrauen auf Gott her auch ein neues Vertrauen zueinander. Wo gegenseitiges Misstrauen das Leben bestimmt, wird nicht nur der Zugang der Menschen zueinander erschwert. Zusehends geschieht Tieferes: Es verschwindet das Vertrauen zum Menschen überhaupt, zu seiner Fähigkeit und Bereitschaft für das Gute. Die Transparenz der Welt auf die Wahrheit, auf den Grund allen Vertrauens hin, erlischt langsam. Eine vom Misstrauen verdunkelte Welt versperrt die Wege zu Gott, lähmt den Schwung des Glaubens. Gebt mit Mut zu Wahrheit und Vertrauen einander den Weg zu Gott frei, der will, dass alle Menschen gerettet werden und zur Erkenntnis der Wahrheit gelangen (1 Tim 2,14). Das alles ist nicht nur eine religiöse, sondern auch eine eminent gesellschaftliche Aufgabe der Christen.«[41] Das Gerücht von Gott wird somit heute weniger durch Worte, sondern viel eher durch Taten wachgehalten: durch eine gottgemäße Form, miteinander und füreinander zu leben. Die Tradition nennt diese Formen Koinonia und Diakonia.

Koinonia

Koinonia wächst in jener Kirche, in der Gott prägende Lebensmitte ist. Sobald nämlich Menschen im Glauben (mystisch) in Gott einwurzeln, werden sie ermächtigt, Kinder, Töchter und Söhne Gottes (Joh 1,12) zu werden. Dies macht sie untereinander zu gottverwandten (was mehr ist als blutsverwandten!) Schwestern und Brüdern. »Brüderlichkeit«[42] oder, wie wir heute angesichts des gewachsenen Selbstbewusstseins von Frauen in Gesellschaft und Kirche gerechter sagen, »Geschwisterlichkeit« ist eine Frucht wahrer Mystik. Sie wächst im Umkreis, im Lebensbereich, im Herrschaftsbereich Gottes: also dort, wo Gott selbst ernst genommen wird und den »Ton« angibt.

Praxis der Geschwisterlichkeit

Theoretisch wird die Geschwisterlichkeit von vielen durchaus anerkannt. Die Entscheidung fällt aber wiederum nicht auf der Ebene der Worte, sondern der Taten. Zur Praxis der Geschwisterlichkeit im Lebenskreis Gottes gehören Merkmale wie: gleiche Würde, gemeinsame Berufung, Partizipation, Verbindlichkeit, ein angemessener Stil amtlicher Autoritätsausübung. So kann, im Sinn unseres Kirchenspiegels, weiter gefragt werden:

Wie steht es um die Anerkennung der wahren Gleichheit an Würde aller Getauften? Welche Rolle spielt das Taufbewusstsein in unserer Kirche? Was geschieht, um dieses Taufbewusstsein zu fördern (Tauferneuerung)? Gibt es nicht vielfältige insgeheime Abwertungen und Diskriminierungen? Wird die Gleichheit der Würde der Frauen in unserer Kirche in den praktischen Konsequenzen beachtet?

Leben wir als Christen aus der gläubigen Überzeugung, dass es in unserer Kirche keine Unberufenen gibt? Also keine Objekte der Seelsorge, sondern nur Subjekte, die Gott beansprucht, damit seine Kirche in unserem Land leben und handeln kann? Nehmen wir es unserem Gott ab, dass er auch morgen genug Frauen und Männer, junge und alte, berufen wird, damit die Kirche bei uns lebendig und handlungsfähig bleibt? Was tun wir dann aber, damit diese Berufenen erkennen, dass Gott sie beansprucht? Was tun wir, um die »geistliche Kirchenberufung« jener zu fördern, die Gott uns »hinzufügt« (vgl. Apg 2,47)?[43]

Die praktische Seite der Würde heißt Partizipation. Partizipation wiederum ist heute eine wichtige Grundlage für Identifikation mit einer Gemeinschaft. Wie können alle am Leben und Wirken unserer Kirche teilhaben? Schätzen wir die Begabungen, die Gott unserer Kirche hinzufügt? Wie gehen wir mit den ungehobenen Begabungen der vielen Leute um? Was tun wir, um diese zu heben? Gilt die Regel: Keine Entscheidung ohne die Beteiligung der von dieser Entscheidung Betroffenen? Wie wird mit den beratenden Gremien umgegangen? Was zählt Rat? Wie können möglichst viele an der Suche nach Kandidaten für kirchliche Dienstämter beteiligt werden? Wie stehen wir zu einem Diözesankonklave zur Suche nach Kandidaten für das Amt von Bischöfen und Weihbischöfen?

Kirche ist nicht ein Verein, dem man in einem klar umgrenzten funktionalen Verhältnis beitritt; angehört oder auch wieder austritt. Kirche ist vielmehr communio, also eine verbindliche Gemeinschaft. Besuchen nicht zu viele Mitglieder die Kirche? Sind wir bereit, Zeit, Phantasie, Begabungen, Geld, Kritik der kirchlichen Gemeinschaft zu schenken? Wissen wir uns gemeinsam verantwortlich für das Leben und Wirken der Kirche? Beispielsweise dafür, dass würdig Gottesdienst gefeiert werden kann?

Wie sehen wir das Verhältnis zwischen der bürgerlichen Familie und der Familie Gottes? Welche Spannungen erleben wir? Gibt es nicht eine unbiblische Überbewertung der Familie[44] als Zelle der Kirche: und dies, weil uns die Forschung sagt, dass gläubige Familien künftige Kirchenmitglieder hervorzubringen vermögen? Wie fühlen sich die vielen, die nicht in einer Familie leben, wenn die Familie derart überbewertet wird? Wie können sich in einem solchen familialistischen Klima junge Menschen entscheiden, nicht eine bürgerliche Familie, sondern die Familie Gottes zu wählen? Wie kann man aber wiederum menschlich verantwortlich diese Familie Gottes wählen, wenn sie keine verbindliche Lebensart ist?

Wie tragen wir Konflikte aus? Schätzen wir den Reichtum der Vielfalt? Wie grenzen wir diesen Reichtum von schädlicher Konturlosigkeit ab? Welche Wege sehen wir, um inmitten des Reichtums der Vielfalt einmütig sein zu können? Wie lösen wir Konflikte in unseren kirchlichen Gemeinschaften? Verwechseln wir Einmütigkeit mit Uniformität? Wie gehen wir mit Nonkonformisten um?

Je mehr Menschen in unserer Kirche ihre Begabungen annehmen, desto mehr Dynamik entsteht, umso größer wird auch der Amtsbedarf. Die Regel heißt daher: Je mehr Volk, desto mehr Amt inmitten dieses Volkes. Wie kann aber Amt so ausgeübt werden, dass das Volk ermutigt wird, seine Berufung zu erkennen und auszuüben? Wie kann Autorität des Amtes ausgeübt werden, ohne die Geschwisterlichkeit zu beschädigen?

Welche biblischen Weisungen sind für den Amtsstil verbindlich: der Dienst des Galeerensklaven, damit das Schiff der Kirche auf dem Meer der Welt in Fahrt bleibt (Phil 2,5–11), die Fußwaschung (Joh 13), der Dienst des »Obers« (im Wirtshaus: Lk 22,24–27), das Bild des Hirten, der auf seine Herde schaut, damit sie auf guten Weiden ist und durch seinen Stab vor Feinden geschützt wird (Ez 34 und Joh 10)?

Vom Segen der Koinonia

Eine solche geschwisterliche Kirche wäre wiederum ein Segen für unser Land, in dem das Humansystem überlastet und am Zerreißen ist. Symptome dafür gibt es genug: Von außen her besehen ist es die Unfähigkeit vieler Bürger, befriedigende kleine Lebenswelten aufzubauen und auf Dauer bewohnbar zu erhalten. Dahinter steht aber nachweislich[45] ein verbreiteter pessimistischer Individualismus, der sich in Sätzen äußert wie: »Auf andere kannst du dich nicht verlassen«; »jeder muss seine Probleme selbst lösen«; »niemand hat Zeit für andere«.
Der überwiegende Teil der Bürger ist mit diesem Individualismus ausgestattet. Wir erleben einen tragischen Mangel an Beziehungsfähigkeit, an Treue und Verlässlichkeit: ein Mangel, der sich heute in hoffnungsvoller Weise in eine wachsende Sehnsucht nach Verbindlichkeit und Verlässlichkeit ummünzt. Wie gut wäre es, gäbe es auf dem Boden der Kirche Lernorte für diese neue Verbindlichkeit! So würde die Kirche ein Hoffnungsort sein, auf dem Treue und Verbindlichkeit gelernt werden könnten!

Wenn Menschen mystisch in Gott einwurzeln, werden sie auch einfühlsam in die Leidenschaft Gottes zugunsten jener Menschen, die – aus Schuld und Tragik – Opfer einer ungerechten Verteilung der Lebenschancen werden. Der Begriff Lebenschancen umfasst nicht nur den Zugang zu den erforderlichen materiellen Gütern (Nahrung, Wohnen), sondern auch zu Bildung, Arbeit, die Chance, eine Familie zu gründen und Kinder großzuziehen, die Möglichkeit, den Glauben öffentlich zu bekennen.

Sich einsetzen für eine gerechtere Verteilung der Lebenschancen definiere ich hier als »Politik«, die deckungsgleich ist mit dem überkommenen Begriff der Diakonia, die wiederum Beratung, Caritas und »Politik« im engeren Sinn umfasst. In Beratung und Caritas sorgen wir uns um jene, die unter die »Lebensräuber« gefallen sind; durch Politik suchen wir zu verhindern, dass künftig Menschen unter die Räuber fallen. Dies geschieht durch die Beseitigung ungerechter Strukturen.

Im Umkreis Gottes wächst die Aufmerksamkeit und die Bereitschaft, für die Armgemachten zu optieren und an deren Leiden teilzuhaben. Gottes hochpolitische Leidenschaft zugunsten der Armgemachten springt nämlich auf jene über, die in einer tiefen mystischen Weise in Gott verwurzelt sind. Deshalb gilt die Faustregel: »Je mystischer, desto politischer«.[46]

In welcher Art Gott »hochpolitisch« ist, zeigt ein Schlüsseltext der heutigen Weltkirche:

»Der Herr sprach:
Ich habe das Elend meines Volkes
in Ägypten gesehen
und die laute Klage über

ihre Antreiber
habe ich gehört.
Ich kenne ihr Leid.
Ich bin herabgestiegen,
um sie der Hand der Ägypter
zu entreißen
und sie aus jenem Land hinaufzuführen
in ein schönes weites Land,
in dem Milch und Honig fließen ...
Jetzt ist die laute Klage
der Israeliten
zu mir gedrungen,
und ich habe auch gesehen,
wie die Ägypter sie
unterdrücken.
Und jetzt geh!
Ich sende dich zum Pharao.
Führe mein Volk, die Israeliten,
aus Ägypten heraus.«
(Ex 3,7-10)

Dies können wir von unserem Gott aus diesem Text lernen:

Gott ist aufmerksam, er ist Aug und Ohr für die Leiden der Menschen.
Das Leiden entspringt der Unterdrückung und Ausbeutung[47]: Durch den Machtvorsprung Reicher kommen die Lebenschancen Armer unter die Räder.
Gott hält sich nicht heraus: Er steigt herab, führt heraus, bezieht Position, stellt sich auf die Seite der Unterdrückten und Armgemachten. Er optiert für die Armen. Gott ist also parteilich und nicht ausgewogen. Er hat eine Vorliebe für die Arm-

gemachten. Er ist nicht neutral. Am Beispiel Jesu, der Gottes Option handgreiflich gelebt hat (vgl. Lk 4,16–21), zeigt sich, dass diese Option für die Schwachen und Ausgestoßenen Verfolgung, Leid und Kreuz einbringt.

Wieder kann im Sinn eines Kirchenspiegels gefragt werden:

Beratung: Welche Wertschätzung genießt beratende Seelsorge in unserer Kirche? Wie wird die dafür benötigte Kompetenz bei möglichst vielen Frauen und Männern, ehren- und hauptamtlichen, gefördert?
Wie stehen wir zur Aufgabe der Kirche, den Menschen ganzheitlich zu heilen? Wissen wir, welche Beratungsstellen es für welche Krisen gibt? Können wir Menschen, die Beratung brauchen, dorthin vermitteln?

Caritas: Welches ist das Verhältnis von Caritas und Pfarrgemeinden?
Haben wir die Caritas so gut organisiert, dass der einzelne Christ und die Pfarrgemeinden sich davon entschuldigt fühlen können, vorausgesetzt, sie geben einmal im Jahr bei der Caritassammlung Geld? Welche Randgruppen gibt es in unserer Kirche und in der einen Welt, für die wir uns verantwortlich fühlen?

Politik: Welche Initiativen ergreifen wir im Rahmen der weltweiten Bewegungen der Religionen für die Bewahrung der Schöpfung, für Gerechtigkeit und Frieden?
Wie steht es um die Rezeption der Soziallehre der Kirche, der Enzyklika des Papstes »Sollicitudo rei socialis« (1987)?
Wie beurteilen wir die wachsende Armut von 80 % der Weltbevölkerung?

Wie stehen wir zur Benachteiligung von Frauen, zur Diskriminierung von Menschen auf Grund ihrer Rasse (etwa in Südafrika), zur Verweigerung des Lebensrechts für Ungeborene?
Wie stehen wir dazu, dass wir die Lebenschancen der kommenden Generationen heute verbrauchen, wie stehen wir zur Bedrohung der Schöpfung?
Was tun wir gegen die Benachteiligung der Glaubenden in totalitären Staaten des Westens und Ostens?
Beten und demonstrieren wir gegen die Bedrohung des Friedens, wie er aus der weltweiten Ungerechtigkeit erwächst und durch die Rüstung nicht behoben, sondern verschärft wird?
Welches sind bei uns weitere Opfer einer ungerechten Verteilung der Lebenschancen?
Sind wir als Kirche bereit, eine neue politische Kultur zu lernen? Dies kann nicht bedeuten, uns feige aus den Konflikten der Menschheit herauszuhalten und dies noch dazu als Frömmigkeit auszugeben. Vielmehr müssen wir erkunden, wie sich die Kirche wieder in jene gesellschaftlichen Entwicklungen einmischen kann, die unsere modernen Gesellschaften bedrängen.

Vom Segen der Diakonia

Eine solche Kirche der diakonalen »Politik« wäre ein Segen für unsere Gesellschaften, in denen es immer noch, ja wieder zunehmend viele Opfer einer ungerechten Verteilung der Lebenschancen gibt, was viele Menschen lebensmäßig entmutigt. Kirche könnte für sie Asylstätte sein, Hoffnungsort, an dem sie das Haupt erheben (Lk 21,28), an dem sie aufatmen (Apg 3,20) können: Kirche wäre ein Ort unter den Augen Gottes, an dem man sich sehen lassen kann vor jeder Leistung und trotz aller

Schuld. Dies setzt allerdings voraus, dass die Kirche – etwa als Arbeitgeberin – nicht selbst Menschen entmutigt, dass sie vielmehr den Menschen höher zählt als das tote Geld, menschengerecht statt geldgerecht wirtschaftet.

Eine solche Kirche macht sich dann stark für die vielen, die mutlos werden ob der ungerechten Verteilung der Lebenschancen in der einswerdenden Welt, in der jede/r eine/r von uns ist, weil es unter den Augen des einen Gottes nur eine einzige Welt gibt. Uns interessieren daher die Opfer in Nah und Fern, weil wir alle in einem Boot sitzen. Wenn wir entdecken, dass Gott eine vorrangige Option für die Armgemachten getroffen hat und die Kirche nicht anders kann, als mit Gott auf die Seite der Armgemachten zu treten, dann wird eine der Hauptfragen lauten, ob denn Gott auch uns, die Reichen, liebt. Die Antwort kann nur sein, dass er uns – wie Zachäus (Lk 19,1–10) – bedingungslos liebt, mit der Folge, dass er uns »aufliebt« aus der Enge unseres Herzens, damit wir ihm folgen zu den Armgemachten. Folgen wir ihm nicht, dann droht uns, nicht nur den Einzelnen, sondern unseren reichen Völkern das Scheitern im letzten Gericht, weil wir dann nicht bereit waren, Christus in den Armgemachten zu begegnen (Mt 25,31–46). Geben denn unsere Völker den Hungernden zu essen und den Durstigen zu trinken? Nimmt unser Volk Fremde auf? Kleidet unser Volk die Nackten, besucht es die Kranken? Geht unser Volk zu den Gefangenen?[48]

Auf dem Boden der Kirche wäre dann viel von dem zu lernen, was die Welt an Überlebenskunst heute braucht: Solidarität, die eine unverzichtbare Tugend zur Bewältigung der Überlebenskrise der Welt ist.[49]

Wandlung

Dies also wäre eine bewegende Vision für die Kirche: der Traum einer mystischen und daher geschwisterlichen und politischen Kirche. Es lohnt sich, viel dafür einzusetzen. Zur theologischen Logik einer solchen »Ekklesiogenese«, einer solchen Kirchen-Geburt, zählt, dass Gott uns in eine solche Kirche umwandeln muss. Ohne ihn können wir nichts tun (Joh 15). Der wichtigste Ort der Umwandlung der Kirche in Richtung der Vision ist die Liturgie, vorweg die Feier des Herrenmahls, des eucharistischen Opfers.

Dort verleiben wir uns den Leib Christi ein, um als Kirche in mystischer Weise Leib Christi zu werden. Dies macht uns untereinander eins: Communio, Koinonia, Geschwisterlichkeit wachsen. Und weil wir uns jenen Leib einverleiben, der für alle hingegeben wurde, können wir als kirchlicher »Leib Christi« gar nicht anders, als uns in der Art Jesu hinzugeben für die Schwestern und Brüder: Wir werden zur Diakonie ermächtigt.

Ist es aber nicht so, dass wir in der Eucharistiefeier Gaben zum Altar bringen, von denen wir annehmen, dass sie uns darstellen, und dann sagen: Gott verwandle die Gaben, aber uns lass in Ruh? Liegt es nicht an der Verweigerung unserer Kirche, uns umwandeln zu lassen zu seinem Volk, das geschwisterlich und politisch zugleich ist?

Inkonsequent

Frag hundert Katholiken, was das Wichtigste ist in der Kirche.
Sie werden antworten:
Die Messe.

Frag hundert Katholiken, was das Wichtigste ist in der Messe.
Sie werden antworten:
Die Wandlung.

Sag hundert Katholiken, dass das Wichtigste in der Kirche
die Wandlung ist.
Sie werden empört sein:
Nein, alles soll bleiben
wie es ist!

Lothar Zenetti[50]

Gott wird jeden und jede fragen ...

Am Ende unserer Lebenstage,
wenn wir Bilanz machen werden über unser Leben
vor Gott,
da wird er uns fragen:

Was hast du mit deiner Kirchenberufung gemacht?
Was hast du getan,
damit die Kirche an Ort und Stelle,
der ich dich hinzugefügt habe,
leben und wirken konnte?

Und ich werde anfangen
zurückzufragen:
Hast du denn schon vergessen,
unter welchen Umständen
der Erzbischof in Köln ernannt worden ist?
Hast du schon vergessen,
wie in Wien
mit deiner Hochschulgemeinde
umgegangen worden ist?
Hast du schon vergessen,
welcher Dreiervorschlag
dem Salzburger Domkapitel
zugemutet worden ist?

Aber Gott wird nachsetzen
und sagen:
Diese werde ich alle auch noch fragen,
den Papst,
den Weihbischof,
die Nuntien,
die Mitglieder der Bischofskongregation,
den emeritierten Bibliothekar
und viele andere dazu.
Aber jetzt bist du dran.

Quid sum miser tunc dicturus ...
Quid sum misera tunc dictura ...
Was werden ich Arme/r dann sagen?

Auferweckung

schon jetzt

Wir sind nunmehr in der Lage, konturenhafter über die heute erforderliche gesellschaftliche Praxis der Kirche zu reden. Dabei wird sie zunächst, wie immer schon, von der in Jesus angebrochenen Zukunft der ganzen Menschheit reden. Das bleibt die Kernarbeit der Christen in der Gesellschaft. Dazu haben wir nicht nur die überlieferten biblischen Hoffnungserzählungen zur Verfügung, sondern auch die sanften Symbolhandlungen der uralten liturgischen Rituale, zumal der eucharistischen Feier. Das Grundthema wird sich auch morgen um die große Auferstehung drehen. In Verkündigung und Liturgie wird somit an Tod und Auferstehung Jesu erinnert werden, und zwar so, dass darin für alle, die es fassen können, eine Erinnerung an unsere gemeinsame Zukunft geschieht, nämlich unsere Auferweckung, jene Auferweckung, die für alle zu hoffen uns das Zweite Vatikanische Konzil nach langen Zeiten des dramatischen augustinischen Heilspessimismus ermöglicht hat.

Ist aber die Verkündigung in ihrem Grundton österlich, und ist es die Liturgie, dann muss auch das übrige Handeln der Kirche von dieser österlichen Perspektive bestimmt werden. So wie in Jesu Tun Gottes Auferweckungshandeln in Zeichen anschaulich gemacht und damit vorangetrieben wurde, so ist es auch Aufgabe der Kirche, ihre Grundverkündigung von der Auferweckung in Wort und Sakrament durch erfahrbares gesellschaftliches Handeln zeichenhaft anschaulich zu machen und voranzubringen. Das Handeln der Kirche in der Gesellschaft wird somit nach wie vor Auferweckungspraxis sein. Dabei werden die Zeichenhandlungen insbesondere dort gesetzt werden, wo die Todeserfahrungen besonders augenfällig und bedrängend sind.

So geht es im Folgenden nicht mehr darum, nachzuweisen, dass Kirche ohne die Verkündigung und Liturgie von Ostern nicht

christlich ist; es geht nur mehr um die engere Frage, durch welches gesellschaftliche Handeln die Kirche dieses ihr Grundkerygma zeichenhaft veranschaulicht. Konkret ist daher nach den akuten »Tod-Erfahrungen« in der gegenwärtigen Gesellschaft zu fragen. Denn von daher kann verständlich gemacht werden, in welchen Bereichen von der Kirche heute zeichenhaftes Handeln erwartet werden kann: ein Handeln, welches »kleine Auferweckungen« erfahrbar macht, die ihrerseits ein wortloses und vielleicht deshalb nicht korrumpiertes Moment an der Verkündigung und Feier der erhofften »großen Auferweckung« sind.
Wer die Frage nach den »Tod-Erfahrungen« der Menschen vor allem bei uns im alten Europa systematisch stellen will, kann sich heuristisch auf die zwei wichtigen Lebensaspekte, nämlich die Welt der Arbeit und die Welt der zwischenmenschlichen Beziehungen, konzentrieren. Dabei wird der Sachkenner sofort begreifen, dass diese Unterscheidung mehr aus didaktischer Notwendigkeit geschieht, in der alltäglichen Wirklichkeit aber nicht sauber durchhaltbar ist. Wir nennen für jeden dieser zwei Grundbereiche menschlichen Lebens einzelne Beispiele.

Beziehungen

Zu einer Ökologie zwischenmenschlicher Beziehungen

Wir leben heute in den westlichen Gesellschaften mit einem hohen Freiheitspathos. Die gesamte neuzeitliche Geschichte hindurch steht das Individuum im Mittelpunkt. Die gesamte Gesellschaft wurde strukturell nach und nach so verändert, dass die Freiheitschancen des einzelnen Bürgers ausgeweitet wurden. Gewiss, die totale Freiheit wird nie erreicht werden, nicht in dieser Weltgeschichte. Die Entgrenzung menschlicher Freiheit gehört zu den Visionen des ewigen Lebens: Gott wird uns herausführen ins Weite, er wird uns befreien, weil er uns liebt (Ps 18). Niemand kann aber daran zweifeln, dass die individuellen Freiheitsrechte zumindest sozial verbrieft sind. Was das Leben wenigstens in den privaten kleinen Lebenswelten betrifft, gilt jeder Einspruch anderer als verpönt; jeder gilt als seines Glückes eigener Schmied. Du hast, so sagt man unaufhörlich, deine Chance, also nütze sie! Mach was aus deinem Leben. Wer wollte auch daran zweifeln, dass die Freiheitsgrade in unseren modernen Gesellschaften des Westens groß sind. Doch welche Freiheiten haben wir? Und welches ist der Preis für jene Freiheit, die wir meinen? Zunächst könnte man ja noch in Kauf nehmen, dass Freiheit als Chance zugleich auch wachsende Anforderungen an die Lebensfähigkeit des einzelnen Bürgers stellt. Wenn das Leben des Einzelnen nicht mehr sozial vorgeformt ist, muss eben der Einzelne sein Leben selbst verantworten. Wenn man nicht mehr in den Ehestand wie in ein fertiges, rollenmäßig bestens eingerichtetes Haus hineinheiratet oder gar hineinverheiratet wird, sondern nun selbst sich auf den langen und mühsamen Weg nach einem verlässlichen und getreuen Ehepartner machen muss, mit ihm dann aushandelt, wer arbeitet, wer was von der Hausarbeit macht, wer zuerst studiert, wann die Kinder kommen sollen und wie viele, wie sie erzogen werden, wie Krisen zu lösen sind: Dann spielen eben die persönlichen Voraussetzungen, dann spielen Ehereife, vor allem die Fähigkeit, das eigene Ehehaus zu bauen und einzurichten, eine große Rolle. Freiheit wird zur Aufgabe. Eben diese Aufgabe wird für nicht wenige zu schwer. Freiheit wird dann nicht mehr zum Segen, sondern zur Last. Wundert es uns, wenn dann nicht wenige sagen, dass ihnen die Last der

Freiheit lästig wird. Sie versuchen dann, der Offenheit ihrer Lebensgeschichte zu entgehen. Sie möchten der Unbestimmtheit der freiheitlich-pluralistischen Lebensszene entgehen. So wenden sie sich Personen und Gruppen zu, welche ihnen die Arbeit abnehmen, aus ihrem Leben etwas Sinnvolles zu machen, indem sie ihnen eine Identitätsanleihe geben. Dazu bieten sich nicht nur kirchliche Gruppen an, sondern auch Sekten, Jugendreligionen, jugendliche Banden, kriminelle Gruppen usf.
Manche schaffen es überhaupt nicht mehr, sie werden krank, entfliehen in die bunte und erlebnisdichte Traumwelt von Droge und Alkohol; auch die Welt der Krankheit wird aufgesucht. Einige schließlich fliehen endgültig, indem sie diese Welt und ihren leblosen Alltag verlassen und sich selbst das Leben nehmen. Manche ziehen daraus den Schluss, dass die viele Freiheit, welche die Menschen haben, nicht gut ist. Kollektive Identitätsbildung wird gewünscht. Man ruft nach Führern, will Fremdbestimmung.
Doch könnte es für dieses gewaltige gesellschaftliche Problem auch eine andere Lösung geben. Diese würde nicht die Freiheit beseitigen, sondern vielleicht erst wirklich herbeiführen. Das Problem scheint ja nicht im Freiheitspathos zu liegen, sondern in dem, was wir landläufig unter dieser Freiheit verstehen. Diese erweist sich als höchst beziehungsarme, unsolidarische Freiheit. Häufig steht dafür auch das an sich wieder wichtige Wort »Selbstverwirklichung«: Aber auch sie wird gemeinhin als beziehungslose, individualistisch-libertinistische Selbstverwirklichung verstanden. Was daher wiederzugewinnen wäre, ist die Fähigkeit der freien Bürger zu wirklicher Beziehung, zu Solidarität, zur Liebe.
Wir können diese Analyse von einem anderen Ansatz her betreiben. Die gegenwärtigen öffentlichen Debatten sind mit dem Thema der Ökologie bestens gefüllt. Wir reden von reiner Luft,

von unzerstörtem Lebensraum, vom behutsamen Umgang mit unserem Planeten Erde, von der Verschonung der Schöpfung vor dem atomaren Holocaust. Hinter all diesen ökologischen Themen steht die Erkenntnis, dass der Mensch der Neuzeit sich in einer hart-patriarchalischen Weise vom Unterlegenen gegenüber der Natur nicht zu deren einfühlsamen Partner, sondern zum ausbeuterischen Herrscher entwickelt hat. Dabei hat ihn die Phantasie getrieben, eines Tages »wie Gott« sein zu können, also alles machen zu können. Inneres Moment dieses von H.E. Richter blendend analysierten neuzeitlichen »Gotteskomplexes« ist der Glaube an den unbegrenzten Fortschritt. Eben dieser Glaube ist heute in eine tiefe Krise geraten, hat er doch nicht nur große Errungenschaften gebracht, sondern die Menschheit an den Rand völliger Selbstvernichtung getrieben. Es fällt auf, dass die Ökologiedebatte bislang in erster Linie im Bereich der Technik und der Naturwissenschaft stattfindet. Muss man aber nicht annehmen, dass der »Gotteskomplex«, die Ideologie der Machbarkeit des unbegrenzten Fortschritts, auch den Menschen selbst erfasst hat? Im Bereich der Biologie wird dies schon längst gesehen. Was ist aber mit dem noch viel sensibleren Bereich der zwischenmenschlichen Beziehungen, der sozialen Ordnungen? Ich behaupte hier thesenhaft, dass wir in unseren modernen Zivilisationen auch mit den Beziehungsressourcen nach dem ausbeuterischen Fortschrittsglauben verfahren sind. Wir haben uns keinen bislang geltenden Grenzen mehr gebeugt. Alles, was mit Abgrenzung zu tun hatte, wurde aufgelöst. Die Begrenzung der menschlichen Liebes- und Treuefähigkeit auf einen einzigen Menschen, und dies ein ganzes unvorhersehbares Leben lang, wurde aufgegeben. Zwar nannte man das, was übrig blieb, immer noch Ehe, fügte aber das bemerkenswerte Wort »offen« hinzu, und empfahl den Menschen, über die Ehe hinaus auch umfassende Beziehungen

zu pflegen, was in die Ehe ungeahnten Reichtum bringen werde. Auch die Zeit vor der Ehe wurde einer entgrenzten Beziehungskultur überlassen.
Aufmerksame Beobachter stellen nun, gegen alle erträumten Vorstellungen von Bereicherung des Menschen durch unbegrenzte Beziehungen, fest, dass das gesellschaftliche Beziehungssystem als Ganzes an den Rand des Kollaps geraten ist. Es gibt europäische Völker, in denen zwei Drittel der Ehen geschieden sind; wo Geschiedene, von ihren Erfahrungen beschädigt, nicht noch ein zweites Mal heiraten; wo die nachwachsende Generation das Vertrauen in die eigene Beziehungsfähigkeit verloren hat und sich der gesellschaftlichen Illusion anschließt, dass in der Bindungslosigkeit ein Maximum an Freiheit liegt: Halte man sich auf diese Weise doch alle nur erdenklichen Lebensmöglichkeiten offen. Tatsache ist dagegen, dass zunehmend viele Menschen das Gefühl beschleicht, dass das Leben noch nicht stattfindet, dass es irgendwann doch einmal beginnen wird, jetzt aber sei alles noch nicht so ernst.
Zu einer solchen ökologischen Analyse unseres Beziehungssystems gehört noch ein weiteres spannendes Thema, das hier nicht mehr ausgeführt werden kann, aber doch wenigstens genannt werden soll. So müsste man einmal unbefangener studieren, inwieweit sich hinter der innerkirchlich angebrochenen Pilleneuphorie nicht auch ein Prozess der Industrialisierung der weiblichen Sexualität verbirgt, die – wieder typisch für patriarchalische Gesellschaften – auf dem Rücken der Frauen passiert; das Widerständige des weiblichen Zyklus wird so linearisiert und der männlichen Herrschaft gefügig gemacht. Es gibt in der Tat Frauengruppen, die deshalb die Einnahme der Pille verweigern, weil sie sich diese geheime Herrschaft des Mannes nicht mehr bieten lassen. Natürlich wäre an eben solche Gruppen dann zusätzlich die Frage zu stellen, ob nicht

auch ihre kämpferische Befürwortung der Abtreibung sie noch einmal zum Opfer jenes vorherrschenden Bewusstseins macht, welches sie zunächst ablehnen. Es ist ja paradox, dass solche Frauengruppen für Bäume, reine Luft, sauberes Fischwasser usf. kämpfen, damit sich für alles, was lebt, einsetzen: Das Kostbarste, was es an Leben gibt, nämlich menschliches Leben, wird aber aus diesem ökologischen Bewusstsein ausgeblendet.

Neues Verhältnis von Frauen und Männern

In den bisherigen Überlegungen zu Fragen einer künftigen Beziehungsökologie ist auch schon das Thema der Neubestimmung des Verhältnisses von Frauen und Männern angeklungen. Geben wir uns keiner Täuschung hin, schon gar nicht als Christen zumal in der katholischen Kirche: Dieses Problem ist ungelöst. Wir stehen bestenfalls am Beginn dieser zukünftigen zentralen sozialen Frage der Menschheit. Was sich zum Beispiel in den weiblichen Ordensgemeinschaften der USA abspielt; was heute in Gruppen von Theologinnen gedacht und an künftiger Kirche entworfen und in geschlossenen Zirkeln heute schon auch praktiziert wird, kann nicht mehr ungeschehen gemacht werden. Die unpolitische Naivität der kleinbürgerlichen Frauen bricht auf. Vieles davon geschieht, typisch für die Kirchengeschichte, außerhalb der sichtbaren Grenzen der Großkirchen. Der Satz, dass der Geist Gottes weht, wo er will, findet neuerlich seine aktuelle Verwirklichung. Natürlich erleben viele von uns Männern nach einer jahrtausendealten patriarchalischen Tradition diese Entwicklung als bedrohlich. Wir Männer müssen umlernen. Es ist kein Wunder, dass wir in unserer Unsicherheit polemisch reagieren, Witze machen, das Gespräch autoritär steuern, schlechte theologische Positionen mit vermeintlich uralten Argumenten untermauern: Kurz alles tun, um uns selbst nicht ändern zu müssen. Zwar haben die Deutschen Bischöfe ein hervorragendes Papier über Fragen zur Stellung der Frau in Kirche und Gesellschaft verabschiedet. Doch habe ich es selbst schon erlebt, dass angebotene Veranstaltungen für Pfarrer, mit bester Referentenbesetzung, abgesagt werden mussten, weil sich niemand dafür interessiert hat. Das innerkirchliche Bewusstsein ist demnach zumindest bei uns in der Frauenfrage ebenso unterentwickelt wie in weiten Bereichen unserer Gesellschaft.

Und doch wird die Frauenfrage für die morgige Praxis der Kirche zentral sein. Sie wird zur sozialen Frage des 21. Jahrhunderts schlechthin werden. Zur Zeit wird sie zwar von der Friedens- und Abrüstungsdebatte überlagert. Doch ist die Sprengkraft der Frauenfrage ebenso groß wie die Sprengkraft der himmelschreienden Ungerechtigkeit zwischen den reichen und armen Völkern der einen Menschheit. Frauen werden sich gegen die ungleiche Verteilung der Lebenschancen in Gesellschaft und Kirche erheben. Die Zeit ist knapp für eine friedliche Lösung, aber sie wäre gegeben. Kann man auf die Kirche in dieser Frage hoffen? Viele Frauen haben die Kirche schon abgeschrieben. Allzu sehr werden die alten Mythen des Weiblichen, Sinnbild menschlicher (also auch männlicher) Empfänglichkeit für das Leben von Gott her, missbraucht, um die geschichtlich gewachsene Ungleichheit zwischen den Geschlechtern, zumal im Bereich der Kirche, religiös zu legitimieren und einer sachgerechten Diskussion zu entziehen. Wir träumen aber hier von einer Kirche, in der viele Frauen und künftig auch noch mehr Männer diese soziale Frage der Zukunft zu ihrem Anliegen machen und als Anwälte eines neuen, wie man gern sagt, adrogyn-partnerschaftlichen Verhältnisses zwischen Männern und Frauen in der Kirche eintreten. Wenigstens die Kirche ist dann Anwalt der Frauen, so wie ja heute die Kirche durchaus in vielen Ländern der wahre Freund des arbeitenden Volkes ist.

Neue Kommunikationswege

Immer noch bewegen wir uns auf dem Feld der zwischenmenschlichen Beziehungen. Dieser Bereich wird in den nächsten Jahrzehnten auch dadurch eine tiefgreifende, in ihren Auswirkungen noch kaum erkennbare Revolution erfahren, dass neue Medien (wie Bildschirmtext, Bildschirmtelefon etc.) auch neue Weisen rascher, zum Teil persönlicher, zum Teil aber auch anonymer Beziehungsformen ermöglichen werden. Die Kirche in der Bundesrepublik ist z.B. erfreulicherweise schon lange dabei, große Geldmittel in die Erprobung und Entwicklung dieser neuen Medienlandschaft zu stecken. Ich denke etwa an die Arbeit, die von einer Gruppe von Jesuiten in Ludwigshafen geleistet wird, wo regionale Verkabelung ein lokales Fernsehen ermöglicht, damit auch neue Kanäle zwischen den Kirchengemeinden und ihren Angehörigen aufgetan werden. Was aber wird mit dem Menschen und seiner Beziehungsfähigkeit inmitten dieser Medien-Revolution geschehen? Niemand wird dabei der Meinung sein, man werde die Entwicklung aufhalten können. Zwar gibt es auch unter uns Theologen solche technikfeindlichen Maschinenstürmer; niemand wird das leugnen. Die Angst vor dem Ungewissen bedrängt uns eben. Was also vielen seriösen Denkern in und außerhalb der Kirche zu schaffen machen muss, ist die Frage, auf welche Weise der Mensch befähigt werden kann, lebenszentriert, kreativ mit den neuen

Möglichkeiten umzugehen. Es könnte ja sein, dass sich durch die neuen Medien die Sprachlosigkeit der Menschen noch mehr verstärken wird. Der sprachlose Mensch ist aber auch zu persönlichen Beziehungen nur mehr rudimentär fähig. Eine intensive Beschäftigung mit diesen neuen Medien gehört daher unbedingt zu den künftigen Aufgaben der Kirche. An dieser Stelle kann im Übrigen vermerkt werden, dass die Einengung der Praxis der Kirche – und damit auch der praktischen Theologie – auf die Gemeindetheologie eine verheerende Verkürzung darstellt.

Arbeit

Ebenso gewaltig wie auf dem Beziehungsfeld werden die aufkommenden Probleme in dem Bereich der Arbeit sein. Wiederum werden, in aller gebotenen Kürze, drei Beispiele vorgestellt:

Neue Bewertung der Arbeit

Wer die gesellschaftliche Entwicklung verfolgt, weiß, dass der Bereich der Arbeit in einen krisenhaften Umwandlungsprozess geraten ist. Dabei geht es nicht allein um die Frage, welche neuen Produkte erzeugt werden müssen, damit der Wirtschaftsprozess wieder in Gang gebracht werden kann. Die Expansion des elektronischen Bereichs scheint ja bereits den Weg in die künftigen Hauptbereiche der Produktion zu weisen. Verbunden damit ist aber die Tatsache, dass jene Arbeit immer weniger wird, die von Menschen verrichtet werden muss und zugleich gesellschaftlich verwaltet wird. Dies hat zur Folge, dass in einem herkömmlichen Sinn zunehmend viele Menschen »arbeitslos« sein werden, weil der Arbeitsgesellschaft die Arbeit ausgehen wird (R. Dahrendorf).

Damit stehen völlig neuartige Probleme auf:

– Wird es möglich sein, gesellschaftlich nicht verwaltete Arbeit aufzuwerten und in den gesellschaftlichen Prozess der Arbeitsverteilung einzubeziehen? Ich denke zum Beispiel an die häusliche Arbeit, an die vielfältigen Formen heute so genannter »ehrenamtlicher Arbeit«, wie sie in den Kirchen und anderen gesellschaftlichen Gruppen geleistet wird.

– Damit verknüpft ist aber auch die doch lebenswichtige Frage, wie der gesellschaftliche Reichtum, der unter massivem Einsatz von automatisierter Arbeit der Industrieroboter und der Arbeit weniger Privilegierter entsteht, so verteilt wird, dass alle Bürger menschenwürdig leben können. Das heißt aber, dass die bisher gewohnte Koppelung von Arbeit und Entlohnung entflochten werden muss. Neue Modelle der Verteilung des so genannten Bruttosozialprodukts sind zu suchen. Gelingt dies nicht, wird die Folge eine neue Variation der Arbeiterfrage ergeben. Im Übrigen gibt es auch in kirchenamtlichen Texten dazu erste Ansätze; ich denke an einen Hirtenbrief der niederländischen Bischöfe vor wenigen Jahren. Die Kirche der Zukunft wird aber an dieser Frage, die über »Gedeih und Verderb« künftiger Gesellschaft (A. Schaff u.a.) mitentscheiden wird, nicht vorbeikommen.

Neue Kultur im Umgang mit den Gütern

Ein Moment an der Lösung dieser neuartigen sozialen Frage, dieser Neuordnung des Arbeitsbereichs wird auch in einer Neuformung des Konsumbereichs liegen. In der materiell übersättigten Bevölkerung unserer Wohlstandsgesellschaften breitet sich in den letzten Jahren nachweislich ein Überdruss am Überfluss aus. Die materialistische Kultur verliert an Anziehungskraft (zumindest solange die Menschen genug Güter haben). So aber ist in Zukunft damit zu rechnen, dass immer größere Kreise in unserer Gesellschaft einen neuen Stil im Umgang mit den materiellen Gütern entwickeln. Dahinter wird sich eine Umformung in der Wertehierarchie der Menschen ereignen. Beziehungen werden wichtiger sein als Geld; der Mensch wird mehr wert sein als das Kapital. Bedürfnislosigkeit, Armut in einem biblischen Sinn, Fasten, die Fähigkeit, Triebwünsche (nach Essen, nach Sexualität, nach Kaufen) aufzuschieben, wird zunehmen. Auf diese Weise wird aber eine der Grundvoraussetzungen unserer gegenwärtigen konsumorientierten Wirtschaft geschwächt, nämlich die selbstverständliche Bereitschaft der meisten Bürger, zu kaufen, zu verbrauchen und wieder zu kaufen, und in diesem Zusammenhang rund um die Uhr zu leisten, sich dazwischen (am Wochenende) zu erholen, um dann wieder voll leistungsfähig zu sein. Es ist noch unabsehbar, wie eine Wirtschaft funktionieren soll, die notorisch falsche und zu viele Güter erzeugt, nach denen zunächst keine Nachfrage besteht, der es aber auch morgen nicht mehr so einfach gelingen wird, die Bürger zum Kaufen dieser unnötigen Güter zu bewegen; denn diese wissen, dass das materiell verfettete Herz des Menschen krank ist. Wird dann aber an die Stelle der einengenden und verarmenden materiellen Kultur ein kulturelles Vakuum mit allen erdenklichen destruktiven Folgen oder doch noch eine neue Kultur treten? Wer wird sie entwickeln, wo kann sie eingeübt, gelernt werden? Wo sind die Freiräume und Freizeiten in unserer Gesellschaft, in denen die Betriebsamkeit eines verarmten Alltagslebens unterbrochen wird, wo sind die Menschen, die im Hineinhören in die alten Hoffnungserzählungen sie mit dem Text des gegenwärtigen Lebens verknüpfen, wo sind die Menschen, die durch das Begehen der alten symbolischen Spiele der Liturgie anfangen zu erahnen, was der Mensch in Wahrheit ist? Wo sind die Lebenseinheiten, in denen neue Lebensstile aus der neuerkannten Größe des Menschen entwickelt werden: eines Menschen, der nicht mehr reduziert ist auf ein steuer- und befriedigbares Bündel von Bedürfnissen, sondern der in seiner unableitbaren Unmittelbarkeit zu dem einen Gott sich in tiefer Verbindung mit allen Töchtern und Söhnen dieses einen Gottes weiß? Wo sind dann die Gruppen, welche diese neuen, menschlicheren Erfahrungen von Leben und Zusammenleben so in die Lebensformen der Gesellschaft einbringen, dass nicht nur sie selbst für sich einen menschlicheren Lebensstil gefunden haben, sondern sie auch für viele andere zum Segen werden?

Weltweite Gerechtigkeit

Zu diesen vielen anderen gehören dann aber nicht nur die Angehörigen des eigenen Volkes. Der Blick der künftigen Christen kann nur noch auf die eine Menschheit gerichtet sein. Das bedeutet aber, die Christen auf der ganzen Welt können nicht zur Ruhe kommen, solange die Lebenschancen zwischen den Völkern und Erdhälften derart unterschiedlich verteilt sind. Gerechtigkeit weltweiter Art wird zu einem Generalthema auch der kirchlichen Praxis von morgen. Von da aus ist es höchst erfreulich, dass z.B. die deutschen Bischöfe in ihrem Hirtenwort zur Abrüstung nicht der verengten Friedensdiskussion auf den Leim gegangen sind, sondern auf die wahren Ursachen des weltweiten Spannungs- und Rüstungszustandes hingewiesen haben: nämlich die himmelschreiende Ungerechtigkeit, die dann ihrerseits die Mächtigen dazu verleitet, ihren Vorsprung mit allen nur erdenklichen gewaltsamen Mitteln zu verteidigen. Natürlich wird damit nicht bestritten, dass wir auch unsere freiheitlichen Errungenschaften verteidigen, unser freiheitliches Gesellschaftssystem, wie wir sagen. Aber diese guten Gründe können ja nicht darüber hinwegtäuschen, dass zugleich mit der Freiheit auch die Ungerechtigkeit verteidigt wird. Es wird aber weltweit keinen Frieden geben, solange nicht einigermaßen Gerechtigkeit sein wird. Selbst die Ideologien des Ostens verdanken ihre Breitenwirkung allein der Tatsache, dass es himmelschreiendes Unrecht auf der Welt gibt. Wo Gerechtigkeit herrscht, richtet selbst der Marxismus nichts aus. Dort ist innerer Friede. Dort braucht man keine Rüstung. Der Wahnsinn besteht nun aber darin, dass mit Hilfe der Rüstung nicht nur die bestehende Ungerechtigkeit auf der Erde verteidigt, sondern noch vermehrt wird. Jene Mittel nämlich, die zur Entwicklung der benachteiligten Völker der Erde dringendst benötigt werden, werden in einem Vorgang verbrecherischer Veruntreuung in die Todeswissenschaft und Tötungsindustrie investiert. All dies aber ist gottfeindlich, widerspricht in flagranter Weise seinen Absichten.

Die Kirche, die wirklich Gottes Lebenswillen für alle Menschen vertritt, wird daher beharrlich jene Friedensverkündigung weiter betreiben, die sie mutig begonnen hat und die ihr in den letzten Jahren schon viele Skeptiker zu Freunden gemacht hat. Vielleicht ist die Stellung der Kirche zu Frieden und Gerechtigkeit jenes Thema, welches die Verkündigung des einen Gottes in den letzten Jahren in der Menschheit am glaubwürdigsten untermauert hat. Dabei wird die Kirche immer utopische Überschüsse verkündigen. Sie wird die Christen nicht vor der Bergpredigt dadurch schützen, dass sie diese kasuistisch so lange umgarnt, bis am Ende jedes Handeln gerechtfertigt ist, die Rüstung ebenso wie die Abrüstung. Kompromisse, kleine Schritte, werden von den verantwortlichen Christen in der Alltagspolitik immer zu suchen sein. Sie werden dies aber umso zielsicherer tun, je mehr die Kirche nicht nur gelegentlich, sondern gelegen oder ungelegen Gottes Friedenswillen für den Menschen verkündet. Die Botschaft der Bibel darf nicht in Vergessenheit geraten: Ehre sei Gott in der Höhe und Friede den Menschen auf Erden.

Ich schließe meine Überlegungen, die ein hohes Maß an Fragmentarität besitzen, indem ich noch einmal darauf hinweise, dass diese lebenszentrierte Arbeit der Kirche, ihre Mitarbeit bei der Lösung von lebensfeindlichen Problemen der Zukunft nicht das Ganze, auch nicht den Kern der Arbeit der Kirche in Zukunft ausmachen wird. Das Generalthema der Kirche bleibt das feiernde Erzählen von Gott, von seiner Lebensabsicht mit uns Menschen, wie sie auf dem Weg seines Christus durch Tod und Auferstehung für uns erkennbar und siegreich erfüllt worden ist. Der Einsatz der Christen und ihrer Kirchen wider die kleinen gesellschaftlichen Tode, gegen die ungleiche Verteilung von Lebenschancen, bleibt aber ein unentbehrliches Zeichen für diese Kernarbeit der Kirche. An dem Einsatz der Kirche für das Leben vor dem Tod kann Gottes lebensfreundliche Absicht für das Leben schlechthin erahnt werden. Indem die Kirche Anwalt des Menschen und seiner menschenwürdigen Lebensbedingungen auf dieser Welt ist, verkündigt sie wortlos (und in einer geschwätzigen, wortverführerischen Gesellschaft allein glaubwürdigen Weise), was Gott selbst mit uns Menschen vorhat, ansatzhaft schon jetzt, in Vollendung am Ende unserer Tage.

Weiterführende Literatur

Paul M. Zulehner: GottesSehnsucht. Spirituelle Suche in säkularen Kulturen, Ostfildern 2008.
Paul M. Zulehner: Werden, was ich bin. Ein spirituelles Lesebuch. Zusammengestellt und herausgegeben von Paul M. Zulehner, Ostfildern 2008.

Anmerkungen

1. Karl Rahner: Erfahrung des Heiligen Geistes, in: Schriften 13, 1978, S. 226-251, hier S. 239-242. Auch: Karl Rahner, in: Paul M. Zulehner: Denn Du kommst, Ostfildern 2002, S. 83.
2. Marianne Gronemeyer: Das Leben als letzte Gelegenheit. Sicherheitsbedürfnisse und Zeitknappheit, Darmstadt 1993.
3. Roman Bleistein: Die jungen Menschen und die alte Kirche, Freiburg 1972, S. 75.
4. G. Lohfink, Wie hat Jesus Gemeinde gewollt?, Freiburg 1982, 196–203.
5. So heißt es auch beim ersten Auftreten Jesu in Galiläa: »Und die Kunde von ihm verbreitete sich in der ganzen Gegend« (Lk 4,14b).
6. Das Wort »Gerücht« hat heute einen eher negativen Beigeschmack, bedeutet soviel wie Gerede, Tratsch in der Gerüchteküche. Manche vermuten, es komme vom schlechten Geruch, den etwas oder jemand habe. Doch kommt dieses wichtige Wort nicht von »riechen«, sondern von »rufen«. Das Wort Gerücht leitet sich nämlich ab vom althochdeutschen gehruafti (Rufen, Geschrei), das im mittelhochdeutschen gerüefte fortlebt. Es soll zu tun haben mit dem Notschrei, den Hilfebedürftige von sich geben. Vgl. F. Kluge, Etymologisches Wörterbuch der Deutschen Sprache, Berlin ^{18}1960, 250. – M. Josuttis greift dieses alte Wort auf und nennt in einer Weihnachtsmeditation die »Kunde von der Geburt«, welche Herodes und Jerusalem mit ihm erzittern lässt, ein »subversives Gerücht«: M. Josuttis, Aber am Anfang steht das Gerücht, in: Deutsches Allgemeines Sonntagsblatt Nr. 51/52 vom 22.12.1974.
7. Vgl. dazu K. Rahner, Grundkurs des Glaubens. Einführung in den Begriff des Christentums, Freiburg 1976. – Katholischer Erwachsenenkatechismus. Das Glaubensbekenntnis der Kirche, hrsg. von der Deutschen Bischofskonferenz, Bonn 1985.
8. Was sie glauben. Texte von Jugendlichen, hrsg. von R. Schuster, Stuttgart 1984.
9. F.X. Kaufmann – W. Kerber – P.M. Zulehner, Ethos und Religion bei Führungskräften, München 1986.
10. P.L. Berger – T. Luckmann, Die gesellschaftliche Konstruktion der Wirklichkeit, Frankfurt 1969, 51.
11. Zitiert nach F. Dolto, Dynamik des Evangeliums, Olten 1980.

12. H. Lefebvre, Das Alltagsleben in der modernen Welt, Frankfurt 1972. – Ders., Kritik des Alltagslebens, München 1975, 175–193.
13. Zur Geschichte des Begriffs Mystik und der Beziehung verschiedener Arten von Mystik zur Politik: P. Neuner, Religion zwischen Kirche und Mystik. Friedrich von Hügel und der Modernismus, Frankfurt 1977. – E. Troeltsch, Die Soziallehren der christlichen Kirchen und Gruppen, Tübingen 1912. – K. E. Apfelbacher, Frömmigkeit und Wissenschaft. Ernst Troeltsch und sein theologisches Programm, München 1978. – D. Mieth, Mystik, in: Neues Handbuch theologischer Grundbegriffe, hrsg. von P. Eicher, Bd. 3, München 1985, 151–162.
14. Literatur zum »ekklesialen Atheismus«: J. Fischer, Über das Gottvorkommen in der heutigen Kirche. Wider den ekklesialen Atheismus, in: Nur der Geist macht lebendig, hrsg. von M. Albus und P. M. Zulehner, Mainz 1986, 29-37. – P.M. Zulehner, Von der (Gott) fernstehenden Kirche: wider einen ekklesialen Atheismus, in: Erfahrungen mit Randchristen. Neue Horizonte für die Seelsorge, hrsg. von der Katholischen Glaubensinformation, Freiburg 1986, 164–175.
15. C. Schönhoff, ... als »Landpfarrer« an der Westküste, in: Eins sein in der Zerstreuung. Katholiken aus Schleswig-Holstein erzählen von ihrem Christsein in der Diaspora, hrsg. vom Studienleiter für Schleswig-Holstein in der Hauptabteilung Schulen und Hochschulen des Bischöflichen Generalvikariats Osnabrück, Kiel 1986, 51.
16. BDKJ-Aktion zur Diözesansynode, Weinau 1985. – Mit der Jugend Gott suchen, hrsg. von R. Bleistein – P. M. Zulehner, München 1987.
17. P.M. Zulehner, Religion im Leben der Österreicher, Wien 1991, 27.
18. G. Lohfink, Wie hat Jesus Gemeinde gewollt?, 57.
19. Art. »Qerus«, in: Wetzer und Welte's Kirchenlexikon, Freiburg ^{2}1884, 537–547.
20. N. Lohfink, Unsere großen Wörter, Freiburg ^{3}1984, 122–124.
21. N. Lohfink, Gottes Reich und die Wirtschaft in der Bibel, in: Internationale katholische Zeitschrift Communio 15 (1986), 110–123.
22. J. Brandner – P.M. Zulehner, Lebe! Das Anliegen Gottes als Schwerpunkt der Pastoral seiner Kirche, Freising ^{2}1984.
23. Das KAIROS-Dokument. Eine Herausforderung an die Kirche. Ein theologischer Kommentar zur politischen Krise in Südafrika, abgedruckt in: Weltkirche. Dokumente aus Afrika, Asien und Lateinamerika, hrsg. von ADVENIAT, MISEREOR, MISSIO, Heft 8/1985. – Pastorale Reflexion der Südafrikanischen Bischofskonferenz über bestimmte Punkte des KAIROS-Dokuments, Natal 1986.
24. Macht und Ohnmacht auf den Philippinen, hrsg. von F. Köster – P.M. Zulehner, Olten 1986.
25. Dazu die Ausführungen zur sozialen Sünde in: Johannes Paul II., Apostolisches Schreiben Reconciliatio et paenitentia, Nr. 16 (Verlautbarungen des Apostolischen Stuhls Nr. 60), Bonn 1984.
26. Kronenzeitung vom 6.1.1989, 2.

27. So drückten sich Vertreter des neuen kirchenpolitischen Kurses in einem »Club 2« am 11.1.1989 in Wien aus: Die alten Bischöfe hätten versagt; die Zunahme der Kirchenaustritte seit 1965 belege eindeutig den Misserfolg der Ära König (es ist übrigens auch die Zeit von »Humanae vitae«, das der Kirche viel Kraft und Mitglieder gekostet hat, wie eine Studie belegt: J. Hoffmann, Praktizierende Katholiken zwischen Kirche und Gesellschaft. Ein Beitrag zu Problemen der Moralverkündigung, Düsseldorf 1973): Deshalb brauche die österreichische Kirche ein neues »Management«.
28. Vgl. dazu: P.M. Zulehner, J. Fischer, M. Huber, Sie werden mein Volk sein. Grundkurs gemeindlichen Glaubens, Düsseldorf [4]1988.
29. Könnte beispielsweise nicht ein Bischof im deutschsprachigen Raum recht behalten, wenn er auf die Frage, was Gott mit der gegenwärtigen Kirchenentwicklung im Sinn haben könne, meinte, dass der römische Zentralismus, unter dem viele Ortskirchen heute nachweislich leiden, sich deshalb so aufbläht, ja noch mehr zunehmen muss, damit er eines baldigen Tages in sich zusammenbricht, wodurch Gott die römische Kirche in überraschender Weise ökumenefähig machen wird?
30. Dazu: K. Singer, Zivilcourage als Chance zur Veränderung unserer bedrohten Welt, in: Wovon wir leben – woran wir sterben, hg. v. H. Rothbucher und F. Wurst, Salzburg 1988, 92–109. – P.M. Zulehner u.a., Fundamentalpastoral. Kirche zwischen Erwartung und Auftrag, Düsseldorf 1989, 3. Teil.
31. P.M. Zulehner, Das Gottesgerücht. Bausteine für eine Kirche der Zukunft, Düsseldorf [5]1988.
32. Als gewaltlose Aktionen gelten:
– der Dialog, in dem die Wahrheit des Gegners erkundet, die eigene Mitschuld am Unrecht aufgedeckt, die Wahrheit über das Unrecht bezeugt und konstruktive Vorschläge zur Eindämmung des Unrechts gemacht werden;
– die direkte Aktion, durch die der Dialog in die breite Öffentlichkeit verlagert wird; Formen sind: »Kundgebungen durch Massenmedien (Radio, Fernsehen, Presse – in undemokratischen Staaten begrenzt möglich), Flugblätter, Wandzeitungen, Demonstrationen, Schweigemärsche, Mahnwachen, Transparente, Straßentheater; die Bürgerrechtsbewegung in den USA entwickelte Sit-ins und Walk-ins (das gemeinsame Betreten von Lokalen, die der Rassentrennung unterworfen sind, durch Schwarze und Weiße); in Lateinamerika werden verschiedene Formen der Darstellung der Problematik durch Gesten und Handlungen der betroffenen Bauern und Arbeiter im Kampf um Land, Wasser, Schulen, Straßen und so fort angewandt.«
– Ziviler Ungehorsam und Verweigerung der Kooperation in der Form von Streiks, Boykotts, Fasten usw. mit dem Ziel, die Handlungsfähigkeit des Unrechtssystems zu lähmen;

– Entwicklung konstruktiver Programme beispielsweise durch Modelle (z.B. für soziale Verteidigung).
Dazu: H. Goss-Mayr, Der Mensch vor dem Unrecht. Spiritualität und Praxis gewaltloser Befreiung, hrsg. v. d. KSÖ, Wien 1976.

33. W. Bennis u.a., Führungskräfte. Die vier Schlüsselstrategien erfolgreichen Führens, Frankfurt [3]1987, 86–105.
34. AaO., 90.
35. AaO., 28 f.
36. Gaudium et spes I.
37. Lateinamerikanischer Bischofsrat, Jugend, Kirche und Veränderung, hrsg. v. Adveniat, Dokumente 30, Bogota 1985.
38. Ausführlicher: P.M. Zulehner, Das Gottesgerücht. Bausteine für eine Kirche der Zukunft, Düsseldorf [5]1988.
39. P.M. Zulehner, Kirche und Priester, Wien 1974.
40. BDKJ-Dokumentation zur Diözesansynode, Wernau 1985, 5.
41. L'Osservatore Romano, Wochenausgabe in deutscher Sprache Nr. 27 vom 27. Juni 1988, 7.
42. J. Ratzinger, Die christliche Brüderlichkeit, München 1960.
43. Erfahrungen dazu finden sich in: P.M. Zulehner, J. Fischer, M. Huber, Sie werden mein Volk sein. Grundkurs gemeindlichen Glaubens, Düsseldorf [3]1987.
44. Zu diesem Familialismus: P.M. Zulehner, Ungehaltene Hirtenreden. Menschlichkeit darf maßlos sein, Freiburg 1988.
45. Dazu: P.M. Zulehner, Religion im Leben der Österreicher, Wien 1981.
46. Beschlüsse der Diözesansynode Rottenburg-Stuttgart 1985, Weitergabe des Glaubens an die kommende Generation, Ostfildern 1986, 100.
47. Vgl. dazu auch die alte Lehre von den himmelschreienden Sünden, die Petrus Canisius noch an prominenter Stelle im Katechismus hatte (»Clamitat ad coelum vox sanguinis et Sodomorum; vox oppressorum, merces detenta laborum«: P. Canisius, Catechismus, Coloniae 1560, 195), die aber inzwischen zu einem kaum verbreiteten Sondergut in der Katholischen Soziallehre geworden ist. Erst im Kontext der Praxis der Befreiung in den Südkirchen wurden diese Texte wieder entdeckt: Gen 4,10; Ex 3,7–10; Ex 22,20–22; Jak 5,1–6.
48. R. McAfee Brown, Die Bibel neu gelesen. Anstöße aus der Dritten Welt, Düsseldorf 1988, 120–134.
49. Johannes Paul II., Sollicitudo rei socialis, Rom 1987, 38–40. – J. Schasching, In Sorge um Entwicklung und Frieden. Kommentar zur Enzyklika »Sollicitudo rei socialis« von Johannes Paul II, Wien 1988.
50. L. Zenetti, Texte der Zuversicht. Für den einzelnen und die Gemeinde, München [5]1981, 207.

Bibliografische Information der Deutschen Nationalbibliothek

Die Deutsche Nationalbibliothek verzeichnet diese Publikation in der Deutschen Nationalbibliografie; detaillierte bibliografische Daten sind im Internet über http://dnb.d-nb.de abrufbar.

Nachweis der Erstveröffentlichungen (in Teilen für dies Buch bearbeitet):
Ein Obdach der Seele: Düsseldorf 1994.
Das Gottesgerücht: Düsseldorf 1989.
Wider die Resignation in der Kirche: Wien 1989.
Auferweckung schon jetzt: Meitingen/Freising 1984.

FSC
Mix
Produktgruppe aus vorbildlich bewirtschafteten Wäldern, kontrollierten Herkünften und Recyclingholz oder -fasern
Zert.-Nr. SGS-COC-004278
www.fsc.org
© 1996 Forest Stewardship Council

Verlagsgruppe Random House FSC-DEU-0100
Das FSC-zertifizierte Papier *Munken Premium* für dieses Buch liefert Arctic Paper Munkedals AB, Schweden.

1. Auflage

Umschlagmotiv: Henri Matisse, Ikarus © Henri Matisse/VG Bild-Kunst-
Foto: akg-images/Erich Lessing
Druck und Einband: Těšínská tiskárna, Český Těšín
Printed in Czech Republic
ISBN 978-3-579-06545-8

www.gtvh.de